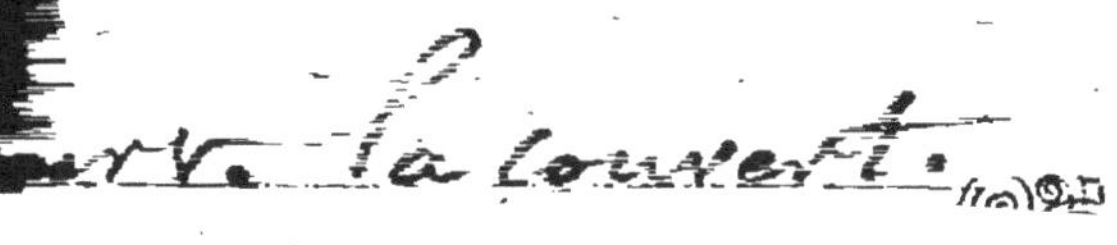

PREMIERS PRINCIPES

DE

GRAMMAIRE FRANÇAISE

A L'USAGE DES CLASSES ÉLÉMENTAIRES

EXTRAITS DE LA GRAMMAIRE FRANÇAISE APPROUVÉE
POUR LES ÉCOLES PUBLIQUES

Par P. A. LEMAIRE

ANCIEN MAÎTRE DE CONFÉRENCES A L'ÉCOLE NORMALE
ET PROFESSEUR AU LYCÉE LOUIS-LE-GRAND.

DEUXIÈME ÉDITION.

PARIS.

IMPRIMERIE ET LIBRAIRIE CLASSIQUES

De JULES DELALAIN et FILS

DES ÉCOLES, VIS-A-VIS DE LA SORBONNE.

PREMIERS PRINCIPES

DE GRAMMAIRE FRANÇAISE.

PREMIERS PRINCIPES

DE

GRAMMAIRE FRANÇAISE

A L'USAGE DES CLASSES ÉLÉMENTAIRES

EXTRAITS DE LA GRAMMAIRE FRANÇAISE APPROUVÉE
POUR LES ÉCOLES PUBLIQUES

Par P. A. LEMAIRE

ANCIEN MAÎTRE DE CONFÉRENCES A L'ÉCOLE NORMALE
ET PROFESSEUR AU LYCÉE LOUIS-LE-GRAND.

PARIS.

IMPRIMERIE ET LIBRAIRIE CLASSIQUES

De JULES DELALAIN et FILS

RUE DES ÉCOLES, VIS-A-VIS DE LA SORBONNE.

1873.

PRÉFACE.

En réduisant aux premiers principes de la Grammaire un travail d'abord plus étendu, notre intention a été de mettre à la portée des commençants les notions les plus élémentaires, renfermées dans un cadre d'une simplicité méthodique. L'enfant ne peut pas entrer de prime abord dans une étude détaillée des règles ; son attention doit être appelée seulement sur quelques points essentiels. Mais, dès le commencement, il est indispensable de le mettre sur la voie qu'on veut lui faire suivre plus tard. Il faut qu'il trouve dans les livres qu'il doit étudier l'un après l'autre la même marche, les mêmes explications ; en un mot, la même méthode, sans disparates ni contradictions.

Ce petit livre est donc comme une introduction à l'étude de la Grammaire plus complète que nous avons publiée. Il se divise en deux parties : la première fait connaître par ordre chaque espèce de mots considérée séparément ; la seconde passe en revue successivement.

les mêmes mots pour en indiquer l'emploi dans la phrase,
et montrer les premières applications de la syntaxe.

La grande difficulté, dans un ouvrage tout élémentaire, est de concilier deux choses également nécessaires et fort différentes : la simplicité, qui conduit l'enfant comme par la main à la connaissance des règles ; et l'explication nette et précise des principes sur lesquels se fonde la science grammaticale. Heureux qui peut atteindre ce double but sans dévier ni d'un côté ni de l'autre !

Ce serait une erreur de croire que les explications trop naïves, que les moyens purement mécaniques, en dehors du raisonnement, aident beaucoup les enfants à comprendre une règle. Si vous leur dites que l'on connaît un nom masculin quand on peut mettre *le*, et un nom féminin quand on peut mettre *la* devant ce nom, pourront-ils dans le doute se tirer d'embarras ? et s'ils savent mettre *le* ou *la*, ne faut-il pas d'abord qu'ils sachent implicitement le genre du nom ? La recette ne leur a donc rien appris. Si vous leur dites que le participe passé entre deux *que* reste invariable, ils écriront sans doute correctement l'exemple cité : *les peines que j'ai su que vous aviez;* mais ils risqueront de s'égarer pour les phrases suivantes : *Les livres que j'ai reçus, que j'ai renvoyés. C'est la lettre que vous m'aviez annoncée que je viens de recevoir.* Le participe ainsi placé entre deux *que* les conduirait à une conclusion fausse.

On trouve bien aussi dans la vieille nomenclature que nous avons suivie, comme la plus simple et la plus facile, certaines critiques à faire, certaines erreurs à relever. Néanmoins, cet inconvénient disparaît à l'aide de quelques observations partielles qui ramènent les termes à leur juste valeur, et font voir comment on a pu rattacher, par exemple, *le mien* aux pronoms possessifs, *lequel* aux pronoms relatifs, et *on* aux pronoms indéfinis. Pareillement, dans le participe passé, la raison ne permet pas de confondre le sens actif *ayant aimé, ayant rendu*, avec le sens passif *aimé, aimée; rendu, rendue :* c'est donc un motif de classer séparément le participe passif.

Il est impossible d'initier les enfants à l'étude des premiers principes sans demander plus d'un effort à leur intelligence. La mémoire retient facilement les mots ; mais l'esprit ne saisit qu'avec peine les termes tout nouveaux d'une science encore inconnue. Cependant, lorsqu'on est obligé d'expliquer aux commençants la valeur et l'emploi du verbe, n'est-ce pas une nécessité de leur indiquer en même temps comment il sert à former la proposition qui est la base du langage? Cette idée une fois abordée, nous n'avons pas craint d'y revenir et d'en marquer les conséquences, dans la persuasion que ce point éclairci jette beaucoup de lumière sur les difficultés de la syntaxe. Les enfants d'ailleurs ne peuvent étudier sans maître, et la tâche de celui-ci est de ramener souvent leur attention sur les règles

 PRÉFACE.

déjà démontrées. La plupart des commençants, il faut bien le reconnaître, s'instruisent plutôt par la routine que par le raisonnement; néanmoins, avec le temps, ce qui est entré dans la mémoire pénètre aussi dans l'intelligence. C'est le fruit que doit attendre de ses efforts tout homme qui travaille pour l'instruction des enfants; c'est dans cette espérance qu'après une longue carrière on aime à s'occuper encore des travaux du premier âge.

PREMIERS PRINCIPES
DE GRAMMAIRE FRANÇAISE.

NOTIONS PRÉLIMINAIRES.

Des lettres.

§ 1. La grammaire est l'art de parler et d'écrire correctement.

La parole énonce la pensée à l'aide des mots.

Les mots sont représentés dans l'écriture par certains signes ou lettres, dont la réunion se nomme *alphabet*.

L'alphabet français renferme vingt-cinq lettres, rangées dans l'ordre suivant :

*a, b, c, d, e, f, g, h, i, j, k, l, m, n, o,
p, q, r, s, t, u, v, x, y, z.*

Ces lettres se divisent en deux classes : les *voyelles* et les *consonnes*.

§ 2. On compte six voyelles : *a, e, i, o, u, y.*

Ces lettres sont appelées *voyelles*, parce qu'elles représentent par elles-mêmes un son, une émission simple de la voix.

Les voyelles sont *longues* ou *brèves*, selon la durée de la prononciation, comme on en peut juger par les mots suivants : *pâte, rate; — nèfle, nette; — abîme, petite; — côte, sotte; — flûte, butte.*

La voyelle *e* se prononce de trois façons différentes :

1° L'*é* fermé, qu'on prononce la bouche presque fermée : *désir, fer, témérité;*

2° L'*è* ouvert, qui prend diverses nuances, selon qu'on ouvre plus ou moins la bouche pour le prononcer : *thèse, fête, procès;*

3° L'*e* muet, qui se fait entendre à peine, surtout à la fin des mots : *je le redemande.*

La voyelle *y* a la valeur d'un *i* simple au commencement ou à la fin d'un mot, et même partout entre deux consonnes : *yole, hymne, jury, mystère.* Mais dans le corps d'un mot, s'il est précédé d'une voyelle, il a toujours le son de deux *i* : *pays, essayer, citoyen* (prononcez *pai-is, essai-ier, citoi-ien*).

Les voyelles réunies figurent tantôt des sons simples, comme dans les mots *faible, nouveau, mœurs, doux;* tantôt un son composé, comme dans *bail, pitié, Dieu, loi, appui, fouet.* Ce son composé prend le nom de *diphthongue*[1].

§ 3. On distingue dix-neuf consonnes, *b, c, d, f, g, h, j, k, l, m, n, p, q, r, s, t, v, x, z.*
Ces lettres sont appelées *consonnes,* parce qu'elles n'ont un son qu'avec le secours des voyelles.

Remarques. 1° La lettre *h* n'indique pas comme les autres consonnes une articulation spéciale. Souvent elle reste nulle : *l'homme, l'histoire, inhérent, exhumer;* alors on la nomme *muette.*

D'autres fois elle donne à la voyelle qui suit une prononciation détachée avec aspiration : *le hasard, ma haine, cohue, dehors;* alors elle est *aspirée.*

2° Par une exception toute particulière, quelques mots prennent une aspiration, sans qu'elle soit indiquée par aucun signe : *le onze, le oui, le yatagan, la yole, la ouate*[2].

Des signes orthographiques.

§ 4. Les signes orthographiques, nécessaires pour compléter l'orthographe des mots, sont les *accents,* l'*apostrophe,* la *cédille*[3], le *trait d'union* et le *tréma.*

---

1. *Diphthongue* signifie, qui a un double son.
2. On prononce *ouète.*
3. On prononce les deux *ll* mouillés.

1.

On distingue trois accents : *l'accent aigu* (′), *l'accent grave* (‛) et *l'accent circonflexe* (^).

L'accent aigu se place toujours sur l'*é* fermé : *santé, équité, témérité.*

L'accent grave se met communément sur l'*è* ouvert : *succès, système, mètre.*

L'accent circonflexe sert à marquer les voyelles longues : *âge, fête, gîte, rôle, mûr, théâtre.*

L'apostrophe est un petit signe qu'on met en haut entre deux lettres (') pour indiquer l'élision ou retranchement d'une voyelle : *l'état, l'amitié, s'il, quelqu'un.*

La *cédille* est une marque qui se place sous la lettre *c* devant les voyelles *a, o, u,* pour lui donner le son adouci de *s* : *façade, garçon, reçu.*

Le *trait d'union* est un petit trait horizontal qui se met entre les mots qu'on doit réunir : *tout-puissant, belles-lettres, arc-en-ciel, viens-tu.*

Le *tréma* est un signe composé de deux points, sur les voyelles *ë, ï, ü,* pour indiquer que dans la prononciation elles doivent être détachées de la voyelle qui précède : *poëte, ciguë, naïf, Ésaü.*

Des parties du discours.

§ 5. Les mots se divisent en plusieurs espèces, qu'on nomme les *parties du discours.*

On compte en français dix espèces de mots : le *nom* ou *substantif,* l'*article,* l'*adjectif,* le *pronom,* le *verbe,* le *participe,* l'*adverbe,* la *préposition,* la *conjonction* et l'*interjection.*

Les six premières espèces sont *variables,* c'est-à-dire que leur terminaison peut être modifiée; les quatre dernières sont *invariables,* c'est-à-dire que leur terminaison ne change pas.

LIVRE PREMIER.

DES MOTS CONSIDÉRÉS SÉPARÉMENT.

CHAPITRE PREMIER.

DU NOM OU SUBSTANTIF.

§ 6. Le *nom* ou *substantif* est le mot dont on se sert pour désigner une personne ou une chose : *Dieu, homme, livre, bonheur.*

On distingue deux sortes de noms : le *nom commun* et le *nom propre.*

Le nom commun est celui qui s'applique à toutes les personnes, à toutes les choses d'une même espèce : *femme, soldat, village.*

Le nom propre désigne certaines personnes, certaines choses en particulier : *Charlemagne, Versailles, la France.*

Parmi les noms communs, on appelle *collectifs* ceux qui présentent à l'esprit une réunion, une collection de plusieurs êtres de même espèce, comme *troupe, foule, infinité.*

Le genre.

§ 7. On reconnaît deux genres dans les substantifs : le *masculin*, pour désigner les êtres mâles : *l'homme, le lion, un père;* le *féminin*, pour désigner les êtres femelles : *la femme, la lionne, une mère.*

Tous les noms, quels qu'ils soient, sont rangés dans ces deux classes, même lorsqu'ils n'ont aucun rapport à la distinction des sexes. On dit, au masculin : *le soleil, un centime, un légume;* et au féminin : *la lune, une épée, une horloge.*

Le nombre.

§ 8. Le substantif peut représenter un ou plusieurs objets. De là on distingue deux nombres : le *singulier*, pour indiquer une seule personne ou une seule chose; le *pluriel*, pour en indiquer plusieurs.

Règle générale. On forme le pluriel des substantifs en ajoutant un *s* à la terminaison du singulier : *un homme, des hommes; la loi, les lois; un enfant, des enfants.*

Exceptions. 1° Les noms terminés au singulier par *s*, *x* ou *z* ne subissent pas de changement au pluriel : *lambris, remords, perdrix, nez.*

2° Les noms terminés au singulier par *au*, *eu*, prennent un *x* pour signe du pluriel : *chevreau, tuyau, cheveu,* font au pluriel *chevreaux, tuyaux, cheveux.*

3° Parmi les noms terminés en *ou*, les suivants seulement prennent *x* au pluriel : *bijou, caillou, chou, genou, hibou, joujou* et *pou.* Tous les autres sont soumis à la règle générale : *des clous, des licous, des verrous.*

4° Presque tous les noms qui finissent en *al* ont le pluriel en *aux* : *un bocal, des bocaux; un étal, des étaux; un hôpital, des hôpitaux.* Mais on dit : *des bals, des nopals, des régals.*

5° Parmi les noms en *ail*, les suivants : *bail, corail, émail, soupirail, travail,* ont pour pluriel *baux, coraux, émaux, soupiraux, travaux.* Les autres suivent la règle ordinaire : *des camails, des détails, des épouvantails.*

6° *Aïeul, ciel, œil,* ont deux formes pour le pluriel, selon le sens qu'on leur donne.

Aïeuls désigne spécialement les deux grands-pères, et par suite on dit : *les bisaïeuls, les trisaïeuls.* Mais il faut dire *aïeux* pour indiquer les ancêtres ou ceux qui ont vécu dans les siècles passés.

Ciel fait au pluriel *cieux* dans l'acception générale du mot. Mais on dit : *des ciels de lit; ce peintre fait bien les ciels.*

Œil fait au pluriel *yeux* dans presque toutes ses acceptions; on dit *les yeux du pain, les yeux de la vigne.*

On excepte seulement les dénominations particulières : *des œils-de-bœuf*, sorte de fenêtres; *des œils-de-bouc*, coquillages; *des œils-d'or*, poissons, etc.

CHAPITRE II.

DE L'ARTICLE.

§ 9. L'*article* consiste dans les particules *le, la, les*, qui se placent devant les noms pour indiquer qu'ils sont pris dans un sens déterminé.

Le sens est déterminé, quand on veut désigner :

1º Soit l'étendue générale des objets exprimés par le nom : *le marbre, la gloire, les soldats;*

2º Soit l'étendue relative d'une certaine partie : *le marbre blanc, la gloire française, les soldats romains;*

3º Soit quelque objet distinct et séparé : *le marbre de cette table, la gloire de Napoléon, les soldats que voici.*

L'article sert, en outre, à faire connaître le genre et le nombre du substantif. On met au singulier *le* devant un nom masculin, *la* devant un féminin, et au pluriel *les* pour les deux genres.

Lorsque *le, la,* se trouvent placés devant une voyelle, on retranche leur lettre finale, que remplace alors une apostrophe : *l'ordre, l'amitié, l'histoire,* pour *le ordre, la amitié, la histoire*[1]. Ce retranchement se nomme *élision.*

Lorsque l'article singulier *le* n'est pas soumis à l'élision, il ne peut jamais être placé après *de* ou *à*; il faut alors, par un changement nommé *contraction*, mettre *du* pour *de le* et *au* pour *à le : du pain, du héros* (et non *de le pain, de le héros*); *au front, au mérite* (et non *à le front*, etc.). Mais on doit dire : *de l'éclat, de l'honneur;*

---

1. Il doit être bien entendu, une fois pour toutes, que les mots commençant par *h* muet sont rangés dans la même catégorie que ceux qui commencent par une voyelle : *l'honneur, l'héroïne. l'heureuse rencontre.*

à l'argent. Au pluriel, on met par contraction dans tous les cas, *des* pour *de les*, *aux* pour *à les : des parents, des haines; aux vertus, aux autels.*

CHAPITRE III.

DE L'ADJECTIF.

§ 10. L'*adjectif* est un mot qu'on ajoute au nom pour en expliquer la signification particulière.

Il s'emploie de deux façons :

1° Pour marquer la qualité de l'objet nommé : *enfant docile, arbre élevé, mauvaise habitude;* alors on l'appelle adjectif *qualificatif;*

2° Pour déterminer la manière dont nous envisageons l'objet : *troisième étage, cette semaine, votre ami;* alors on l'appelle *déterminatif.*

Les adjectifs sont soumis à la distinction des deux genres et des **deux** nombres, et se mettent ainsi en accord avec les substantifs auxquels ils se rapportent.

I. ADJECTIFS QUALIFICATIFS.

Formation du féminin.

§ 11. Les adjectifs terminés par un *e* muet sont des deux genres, et ne changent pas au féminin.

Pour tous les autres, le féminin se forme par l'addition d'un *e* muet : *poli, polie; inconnu, inconnue; grand, grande; vain, vaine; prudent, prudente.*

Outre ce signe général du féminin, beaucoup d'adjectifs reçoivent encore des modifications exceptionnelles.

Première exception : Accentuation particulière.

Les mots terminés en *gu* demandent un *ë* tréma, pour conserver la prononciation : *aigu, aiguë; ambigu, ambiguë; exigu, exiguë.*

Les terminaisons en *er*, comme *léger, altier, étranger*, prennent un *è* ouvert : *légère, altière, étrangère*.

Deuxième exception : Cas où l'on double la consonne finale.

Les adjectifs en *et*, comme *muet, violet, coquet*, veulent une double consonne au féminin : *muette, violette, coquette*.

Toutefois les adjectifs suivants : *complet, incomplet, concret, discret, indiscret, inquiet, replet, secret*, prennent un *è* ouvert à la terminaison et font au féminin : *complète, incomplète, concrète, discrète, indiscrète, inquiète, replète, secrète*.

On double aussi la consonne pour les terminaisons *el, eil, ul, en, on*. Ainsi *cruel, vermeil, nul, ancien, mignon*, font au féminin *cruelle, vermeille, nulle, ancienne, mignonne*.

Les adjectifs *beau, nouveau, fou, mou, vieux*, qui ont au masculin une seconde forme employée devant les voyelles : *bel enfant, nouvel hommage, fol espoir, mol édredon, vieil ami*, tirent leur féminin de cette seconde forme : *belle, nouvelle, folle, molle, vieille*.

On double encore la consonne dans les adjectifs suivants : *bas, las, épais, gros, gras, sot, vieillot ;* au féminin, *basse, lasse, épaisse, grosse, grasse, sotte, vieillotte*. *Gentil* fait *gentille* avec le son mouillé.

Troisième exception : Changement de la lettre finale ou de la terminaison.

1° Les adjectifs terminés par un *c* varient pour le féminin. De *sec, blanc, franc*, on fait *sèche, blanche, franche*. De *caduc, ammoniac, public, turc, franc* (nom générique), on fait *caduque, ammoniaque, publique, turque*, (langue) *franque*. *Grec* donne *grecque*.

2° La lettre finale *f* se change en *v : neuf, fugitif, bref ; neuve, fugitive, brève*.

3° Si le mot finit par *g*, on ajoute un *u* pour conserver la prononciation forte : *long, oblong ; longue, oblongue*.

4° *Favori, coi*, font au féminin *favorite, coite*. *Bénin, malin*, font *bénigne, maligne*.

5° La terminaison *eur* fait au féminin *euse* pour tous les mots qui dérivent d'un verbe français, sans autre changement que la finale du participe présent : *trompant, trompeur, trompeuse.* Ainsi l'on dit au féminin : *acheteuse, boudeuse, emprunteuse, flatteuse.* Cependant *enchanteur* fait *enchanteresse,* et *vengeur, vengeresse.*

Au contraire, la finale *teur* se change en *trice* pour la plupart des mots qui ne dérivent pas immédiatement d'un verbe français : *adulateur, adulatrice; imitateur, imitatrice.*

Remarque. Les adjectifs terminés en *érieur* suivent simplement la règle générale : *antérieure, extérieure, ultérieure.* Joignez-y *majeure, mineure, meilleure.*

6° Les mots *absous, dissous, frais, tiers,* font *absoute, dissoute, fraîche, tierce.*

7° Dans la terminaison *eux* on change *x* en *s* : *heureux, heureuse; odieux, odieuse.*

De même *jaloux* fait *jalouse.* Mais on dit : *doux, douce; roux, rousse; faux, fausse. Contumax* ne change pas; il est des deux genres.

Formation du pluriel.

§ **12.** Les règles établies pour le pluriel des noms s'appliquent généralement aux adjectifs : il suffit d'ajouter *s* au singulier. *Bon, prêt, pareil, fou, bleu,* font au pluriel *bons, prêts, pareils, fous, bleus*[1].

Les adjectifs terminés par *s* ou par *x* ne changent point pour le pluriel : *épais, jaloux.*

Les adjectifs terminés en *eau,* comme *beau, nouveau,* prennent *x* au pluriel : *beaux, nouveaux. Hébreu* fait *hébreux.*

Ceux qui finissent en *al* prennent communément *aux* : *égal, égaux; brutal, brutaux; féodal, féodaux.* On n'admet d'exception que pour le pluriel *fatals;* mais il est peu usité. Le pluriel masculin n'existe pas pour plusieurs, notamment pour *amical, automnal, colossal, frugal, glacial, jovial, natal* et *naval.*

Le pluriel du féminin se forme toujours régulièrement.

---

1. La consonne finale *t* ne doit pas disparaître au pluriel du masculin : *prudents, constants, éloquents;* mais l'adjectif *tout* fait *tous.*

Degrés de signification.

§ 13. On reconnaît trois degrés dans la signification des adjectifs qualificatifs :

1° Le *positif*, qui est la qualification même : *grand, hardi, agréable;*

2° Le *comparatif*, qui sert à prononcer sur les objets que l'on compare, à l'aide des mots *plus, moins, aussi*, placés devant l'adjectif : *plus grand, moins hardi, aussi agréable;*

3° Le *superlatif*, qui énonce le plus haut point de la qualité bonne ou mauvaise.

On le nomme superlatif *relatif*, quand il indique un rapport général avec d'autres personnes ou d'autres choses : *le plus grand des hommes; la route la moins agréable*. Cette forme consiste dans l'addition de l'article devant un comparatif.

Le superlatif se nomme *absolu*, quand il exprime la qualification suprême, sans égard à aucun autre objet. On le distingue généralement par le mot *très* placé devant l'adjectif : *très-grand, très-agréable.*

Remarque. En français il n'y a que trois adjectifs qui expriment par eux-mêmes la comparaison : *meilleur* (au lieu de *plus bon* qui ne se dit pas); *pire*, ou plus mauvais; *moindre*, ou plus petit. En ajoutant l'article, on en fait des superlatifs : *le meilleur homme, la pire espèce, les moindres maux.*

II. ADJECTIFS DÉTERMINATIFS.

§ 14. Les *adjectifs déterminatifs* se divisent en quatre classes : 1° *adjectifs numéraux;* 2° *possessifs;* 3° *démonstratifs;* 4° *indéfinis.*

Adjectifs numéraux ou Noms de nombre.

§ 15. On appelle *adjectifs numéraux* ou *noms de nombre* certains mots qui servent à désigner la quantité ou le rang dans un nombre.

Ils sont de deux espèces, les adjectifs *cardinaux* et les adjectifs *ordinaux.*

1° On nomme *cardinaux* ceux qui expriment simplement la quantité des objets; ce sont : *un, deux, trois, quatre, cinq, dix, vingt, cent, mille, etc.*

De leur nature ils sont invariables, même quand on les emploie substantivement pour désigner les chiffres : *cinquante-cinq s'écrit par deux cinq; trois un de suite font cent onze.*

Exception. Vingt et *cent* prennent *s* quand ils sont précédés d'un nombre qui les multiplie, et non suivis d'un autre nombre : *quatre-vingts ans, deux cents hommes.* Mais il faut écrire : *deux cent vingt hommes; trois cent quatre-vingt-un ans.*

2° On nomme *ordinaux* les adjectifs de nombre qui désignent l'ordre et le rang : *premier, deuxième* ou *second, troisième, quatrième, dixième, centième, millième, etc.*

Ceux-là sont soumis à la règle générale pour le genre et le nombre.

Premier et *second* n'entrent jamais dans les nombres composés; on se sert alors de *unième, deuxième : vingt et unième, trente-deuxième, etc.*

Remarque. Dans la date ordinaire des années, on écrit *mil* au lieu de *mille*, quand ce terme est suivi d'un ou de plusieurs autres nombres : *l'an mil sept cent.*

Adjectifs possessifs.

§ 16. Les *adjectifs possessifs* indiquent la possession ou la propriété des objets dont on parle.

SINGULIER.		PLURIEL.
Masculin.	Féminin.	Pour les deux genres.
Mon.	Ma.	Mes.
Ton.	Ta.	Tes.
Son.	Sa.	Ses.
Notre.		Nos.
Votre.		Vos.
Leur.		Leurs.

Par une singulière exigence de l'oreille, au lieu de *ma,*

ta, sa, on doit mettre au féminin *mon, ton, son,* devant une voyelle, afin d'éviter l'hiatus : *mon âme, ton heureuse étoile, son unique espérance.*

Adjectifs démonstratifs.

§ 17. Les *adjectifs démonstratifs* servent à montrer les objets présents dont on parle, ou à les rendre encore présents à l'esprit lorsqu'on en a déjà parlé.

SINGULIER.		PLURIEL.
Masculin.	*Féminin.*	*Pour les deux genres.*
Ce, cet.	Cette.	Ces.

Au masculin, on met *ce* devant une consonne ou un *h* aspiré et *cet* devant une voyelle : *ce palais, ce héros; cet enfant, cet heureux événement.*

Adjectifs indéfinis.

§ 18. On range sous le titre d'*adjectifs indéfinis* toutes les expressions déterminatives qui n'ajoutent au substantif qu'une modification générale et peu précise : *aucun, autre, certain, chaque, maint, même, nul, plusieurs, quel, quelconque, quelque, tel, tout.*

Quelques-uns de ces adjectifs peuvent s'employer seuls d'une manière absolue, comme *aucun, nul, plusieurs;* c'est pour cela qu'ils ont été quelquefois confondus avec les pronoms.

CHAPITRE IV.

DU PRONOM.

§ 19. Le *pronom* est un mot qui supplée à l'emploi du nom pour désigner pareillement les personnes ou les choses, mais sans les nommer : *moi, vous, lui, ceux, quiconque.*

Les pronoms peuvent prendre le genre et le nombre d'un nom précédemment exprimé ou sous-entendu;

mais toujours ils le remplacent complétement, sans pouvoir s'unir avec lui.

Le pronom sert principalement à indiquer l'ordre et le rang que la grammaire assigne à chacun dans le discours.

On distingue ainsi trois rôles ou trois *personnes* :

La première est celle qui parle : au singulier, *je lis;* au pluriel, *nous lisons;*

La seconde est celle à qui l'on parle : *tu lis, vous lisez;*

La troisième, celle de qui l'on parle : *il* ou *elle lit, ils* ou *elles lisent.*

Les pronoms qui désignent plus spécialement ces trois rôles se nomment *pronoms personnels.*

On compte en outre quatre autres espèces de pronoms, qu'on appelle *possessifs, démonstratifs, relatifs, indéfinis.*

Pronoms personnels.

§ 20. Le *pronom personnel* est destiné particulièrement à marquer l'une des trois personnes du discours.

	SINGULIER.	PLURIEL.
Première personne.		
Masculin et féminin :	Je. Moi. Me.	Nous.
Deuxième personne.		
Masculin et féminin :	Tu. Toi. Te.	Vous.
Troisième personne.		
Masculin	Il. Le. Lui.	Ils. Eux.
Féminin :	Elle. La.	Elles.
Des deux genres :	Lui (*à lui, à elle*).	Les. Leur.

Soi. Se. En. Y.

Le pronom *je* subit l'élision devant un verbe qui commence par une voyelle : *j'entends, j'ordonne, j'habite.*

Il en est de même pour *me, te, se, le, la,* placés devant le verbe dont ils dépendent ou devant les pronoms *en* et *y* : *je m'écrie; tu t'abstiens; elle s'est élancée; j'y cours.*

Les pronoms *le*, *la*, *les*, diffèrent de l'article en ce qu'ils accompagnent toujours un verbe et représentent un substantif déjà énoncé.

Le pronom *se*, *soi*, s'appelle *réfléchi*, parce qu'il exprime un rapport de la troisième personne avec elle-même.

Vous, au lieu de *tu*, se met au singulier par une bienséance d'usage.

Pronoms possessifs.

§ 21. On appelle abusivement *pronoms possessifs* certaines expressions qui marquent la possession des objets avec rapport aux trois personnes du discours [1].

En rapport avec les trois personnes du singulier.

SINGULIER.

	Masculin.	Féminin.
1re :	Le mien.	La mienne.
2e :	Le tien.	La tienne.
3e :	Le sien.	La sienne.

PLURIEL.

	Masculin.	Féminin.
1re :	Les miens.	Les miennes.
2e :	Les tiens.	Les tiennes.
3e :	Les siens.	Les siennes.

En rapport avec les trois personnes du pluriel.

SINGULIER.

	Masculin.	Féminin.
1re :	Le nôtre.	La nôtre.
2e :	Le vôtre.	La vôtre.
3e :	Le leur.	La leur.

PLURIEL.

1re :	Les nôtres.
2e :	Les vôtres.
3e :	Les leurs.

1. A proprement parler, tous ces termes, dérivés des pronoms personnels, ne sont que des adjectifs possessifs. L'article qui les précède toujours indique nécessairement un substantif sous-entendu. Mais comme cette ellipse est devenue constante et nécessaire, le déterminatif semble toujours tenir lieu du nom; et c'est pour cela qu'on le range parmi les pronoms.

Pronoms démonstratifs.

§ 22. Les *pronoms démonstratifs* appellent l'attention sur un objet qu'on désigne : ils le montrent en quelque sorte au lieu de le nommer.

	SINGULIER.		PLURIEL.	
Masculin.	*Féminin.*	*Invariable.*	*Masculin.*	*Féminin.*
Celui.	Celle.	Ce.	Ceux.	Celles.
Celui-ci.	Celle-ci.	Ceci.	Ceux-ci.	Celles-ci.
Celui-là.	Celle-là.	Cela.	Ceux-là.	Celles-là.

Ce, quand il n'est pas joint à un substantif pour le déterminer, est un pronom. Il désigne vaguement les objets et tient lieu d'un nom plus précis; il équivaut à *cette chose.*

Pronoms relatifs.

§ 23. On nomme particulièrement *pronoms relatifs* ceux qui marquent une relation immédiate avec un nom antécédent, exprimé ou sous-entendu. Ce qui les caractérise, c'est qu'ils établissent la liaison entre deux parties d'une phrase : de là vient qu'on les nomme aussi *conjonctifs.*

On dit sans changement pour les deux genres et les deux nombres :

Qui, que, dont, quoi, où.

Un seul pronom relatif, qui servait autrefois d'adjectif, reçoit diverses modifications :

	SINGULIER.	PLURIEL.	
Masculin.	*Féminin.*	*Masculin.*	*Féminin.*
Lequel.	Laquelle.	Lesquels.	Lesquelles.
Duquel.	De laquelle.	Desquels.	Desquelles.
Auquel.	A laquelle.	Auxquels.	Auxquelles.

Les pronoms *qui, que, dont,* sont de l'usage le plus fréquent. Ils se disent également des personnes et des choses.

Dont s'emploie dans une foule de cas : il signifie *de qui, duquel, de laquelle, desquels, de quoi.*

Le mot *où* fait l'office de pronom relatif quand il est mis pour *lequel, laquelle, lesquels,* précédés d'une préposition : *le lieu où* (dans lequel) *je suis; la maison d'où* (de laquelle) *je sors; le but où* (vers lequel) *il tend.*

§ 24. Les pronoms relatifs représentent un nom dont ils empruntent toute la valeur, en y ajoutant le signe d'une liaison dans la pensée : *Dieu, qui est juste, punit tôt ou tard les méchants.* Non-seulement *qui* représente le mot *Dieu,* mais il indique encore une liaison entre les deux idées : *Dieu punit les méchants, et ce Dieu est juste.*

Les pronoms *qui, que, quoi, lequel,* employés sans rapport à un antécédent, deviennent *interrogatifs,* et signifient *quelle personne, quelle chose;* comme lorsqu'on dit : *Qui a fait cela? Que devenir?* Alors ils peuvent aussi marquer une liaison entre deux idées : *Dites-moi qui a fait cela. Je ne sais plus que devenir.*

Pronoms indéfinis.

§ 25. On comprend ordinairement sous le titre de *pronoms indéfinis* certains mots qui rappellent l'idée des personnes ou des choses d'une manière générale et indéterminée :

Quiconque, tout homme qui, quelque personne que ce soit qui;

Quelqu'un, un, une entre plusieurs;

Chacun, pronom distributif, sans pluriel.

Remarque. On joint souvent à ces pronoms trois substantifs indéfinis qui semblent tenir la place d'un mot plus précis pour désigner les personnes ou les choses :

On, dérivé du substantif *homme;* il indique d'une manière générale une ou plusieurs personnes;

Autrui, les autres personnes, le prochain; substantif qui n'a point de pluriel;

Rien, nulle chose, néant, *ou* quelque chose; nom abstrait et indéterminé.

CHAPITRE V.

DU VERBE.

§ 26. Le *verbe* est un mot qui affirme le rapport entre une personne ou une chose et la qualité qu'on lui attribue.

Ainsi lorsqu'on dit : *Dieu est éternel*, on déclare que la qualification d'*éternel* convient à Dieu.

Cette énonciation d'un jugement se nomme *proposition*.

Toute proposition se compose de trois parties essentielles : le *sujet*, l'objet dont on parle ; l'*attribut*, la qualité attribuée au sujet ; et le *verbe*, ou l'affirmation de convenance entre le sujet et l'attribut.

Le verbe *être* est le seul qui rende cette affirmation. On le nomme *verbe substantif*, parce qu'il subsiste par lui-même.

Tous les autres verbes, quels qu'ils soient, renferment deux choses : l'idée du verbe *être* et la qualité attribuée au sujet ; on les nomme *verbes attributifs*. Ainsi *je cours* signifie *je suis courant ; j'ai lu, j'ai été lisant.*

Les verbes attributifs expriment tous une action ou un état. On les divise en plusieurs classes différentes :

1° Les verbes *actifs ;*
2° Les verbes *neutres ;*
3° Les verbes *passifs ;*
4° Les verbes *pronominaux ;*
5° Les verbes *impersonnels.*

Modifications dans les verbes.

§ 27. Les divers changements qui s'opèrent dans le verbe portent sur quatre points principaux : les *nombres*, les *personnes*, les *temps* et les *modes*.

Du nombre et des personnes.

§ 28. Les verbes peuvent avoir pour sujets des substantifs ou des pronoms. Ils entrent alors en rapport avec les deux nombres et avec les trois personnes.

On met le verbe au singulier quand il a pour sujet un mot singulier : *le jour luit;* au pluriel, quand le sujet exprime plusieurs objets : *les étoiles brillent.*

On met le verbe à l'une des trois personnes, suivant le pronom ou le substantif qu'il a pour sujet. La première personne est indiquée par *je* au singulier et par *nous* au pluriel : *je lis, nous lisons;* la seconde, par *tu* et *vous : tu lis, vous lisez;* la troisième, par *il, elle, ils, elles,* ou par un substantif quelconque : *il lit; ces femmes lisent.*

Des temps.

§ 29. Les verbes ont des formes différentes pour exprimer les divisions du temps : 1º *le présent,* quand la chose se fait actuellement : *je lis;* 2º *le passé,* quand elle a été faite : *j'ai lu;* 3º *le futur,* lorsqu'elle doit se faire dans un temps à venir : *je lirai.*

Le *présent* n'a qu'une seule forme : *j'écris.*

Le *passé* en a cinq :

1º Le *parfait*[1] *indéfini,* qui s'emploie sans relation nécessaire à une époque déterminée : *j'ai écrit;*

2º Le *parfait défini,* qui indique toujours le fait comme accompli dans un temps entièrement écoulé : *il écrivit hier;*

3º Le *parfait antérieur,* désignant une action tout à fait achevée, et qui, de plus, en a précédé une autre : *quand j'eus écrit, je me retirai;*

4º L'*imparfait,* qui marque une action passée maintenant, mais encore présente au moment où une autre s'est faite : *j'écrivais quand il est arrivé;*

5º Le *plus-que-parfait,* énonçant une action déjà accomplie au moment où une autre, maintenant accomplie aussi, a eu lieu : *j'avais écrit quand il est arrivé.*

---

1. *Parfait,* c'est-à-dire *fini,* accompli, achevé.

Le *futur* a deux formes :

1° Le *futur simple*, pour indiquer absolument un fait à venir : *j'écrirai;*

2° Le *futur antérieur*, pour exprimer une action à venir qui sera passée avant qu'une autre action également à venir soit accomplie : *j'aurai écrit quand il arrivera.*

Ces différentes formes s'appellent les *temps* du verbe. Ils se divisent en deux séries. On les nomme *temps simples*, quand ils consistent en un seul mot : *aimer, j'aime, j'aimais.* On les nomme *composés* quand la forme primitive du verbe est jointe au verbe *avoir* ou au verbe *être : j'ai aimé, je suis parti.*

Des modes.

§ 30. Les *modes* sont les différentes manières de présenter l'affirmation contenue dans le verbe.

On les distingue en *modes personnels* et *modes impersonnels.*

I. Les modes sont *personnels,* quand par des terminaisons variées ils marquent chaque personne du discours.

On en reconnaît quatre : l'*indicatif,* le *conditionnel,* l'*impératif* et le *subjonctif.*

1° L'*indicatif* affirme l'existence du fait, d'une manière positive et absolue : *je donne, j'ai donné, je donnerai.*

2° Le *conditionnel* affirme avec l'idée accessoire d'une condition énoncée ou sous-entendue : *je donnerais.*

3° L'*impératif* exprime un commandement, une exhortation ou même une prière : *finis, pardonne.*

4° Le *subjonctif* présente l'affirmation comme subordonnée à quelque autre idée : (*il faut*) *que je finisse.*

II. Les modes sont *impersonnels* quand ils ne reçoivent aucune inflexion qui désigne les personnes.

On en compte deux : l'*infinitif* et le *participe.*

1° L'*infinitif* exprime l'idée générale du verbe, sans la personne ni le nombre : *donner, finir.*

2° Le *participe* énonce cette idée comme une qualification applicable à un sujet. Il marque aussi le temps; participe présent : *donnant;* participe passé : *ayant donné.*

Il faut y joindre une autre forme, particulière aux verbes actifs, qui sert à désigner l'état ou la qualité, comme un simple adjectif : *aimé, aimée; fini, finie; reçu, reçue.* On l'appelle *participe passif.*

Présenter dans un ordre méthodique ces différents modes avec leurs temps, leurs personnes et leurs nombres, c'est ce qu'on appelle *conjuguer* un verbe

Des verbes auxiliaires.

§ **31.** Les deux verbes français *être* et *avoir* prêtent secours à tous les autres pour former un certain nombre de leurs temps. Dans ce cas, on les nomme *auxiliaires.* Ils se joignent ainsi au participe passé d'un autre verbe, pour en former les temps composés [1].

Conjugaison du verbe auxiliaire AVOIR.

TEMPS SIMPLES.   *TEMPS COMPOSÉS.*

INDICATIF.

PRÉSENT.   PARFAIT INDÉFINI.

Sing.	1re pers.	J'ai.	J'ai eu.
	2e —	Tu as.	Tu as eu.
	3e —	Il a [2].	Il a eu.
Plur.	1re pers.	Nous avons.	Nous avons eu.
	2e —	Vous avez.	Vous avez eu.
	3e —	Ils ont.	Ils ont eu.

1. Ainsi, dans le verbe *avoir,* les temps simples *j'ai, j'avais, j'aurai,* joints au participe *eu,* forment les temps composés *j'ai eu, j'avais eu, j'aurai eu.* Nous les mettons en regard dans la conjugaison, afin qu'on en saisisse mieux le rapport.

2. Il faut se souvenir qu'à la troisième personne de chaque nombre le sujet, pouvant être masculin ou féminin, est représenté par les pronoms *il, elle,* pour le singulier; *ils, elles,* pour le pluriel. Si par abréviation nous mettons seulement *il, ils,* on devra partout suppléer le féminin.

<table>
<tr><td>TEMPS SIMPLES.</td><td>TEMPS COMPOSÉS.</td></tr>
</table>

IMPARFAIT.	PLUS-QUE-PARFAIT.
J'avais.	J'avais eu.
Tu avais.	Tu avais eu.
Il avait.	Il avait eu.
Nous avions.	Nous avions eu.
Vous aviez.	Vous aviez eu.
Ils avaient.	Ils avaient eu.

PARFAIT DÉFINI.	PARFAIT ANTÉRIEUR.
J'eus.	J'eus eu.
Tu eus.	Tu eus eu.
Il eut.	Il eut eu.
Nous eûmes.	Nous eûmes eu.
Vous eûtes.	Vous eûtes eu.
Ils eurent.	Ils eurent eu.

FUTUR SIMPLE.	FUTUR ANTÉRIEUR.
J'aurai.	J'aurai eu.
Tu auras.	Tu auras eu.
Il aura.	Il aura eu.
Nous aurons.	Nous aurons eu.
Vous aurez.	Vous aurez eu.
Ils auront.	Ils auront eu.

CONDITIONNEL.

PRÉSENT.	PASSÉ[1].
J'aurais.	J'aurais eu.
Tu aurais.	Tu aurais eu.
Il aurait.	Il aurait eu.
Nous aurions.	Nous aurions eu.
Vous auriez.	Vous auriez eu.
Ils auraient.	Ils auraient eu.

---

1. On emploie assez souvent une autre forme du conditionnel passé : *j'eusse eu, tu eusses eu, il eût eu, nous eussions eu, vous eussiez eu, ils eussent eu.* Ce n'est pas là une forme spéciale; c'est un emploi particulier du plus-que-parfait du subjonctif.

TEMPS SIMPLES.	TEMPS COMPOSÉS.

IMPÉRATIF.

PRÉSENT.	PASSÉ.
Sing. 2e pers. Aie.	Aie eu.
Plur. { 1re pers. Ayons.	Ayons eu.
2e — Ayez.	Ayez eu.

(*Les autres personnes manquent.*)

SUBJONCTIF.

PRÉSENT.	PASSÉ.
Que j'aie.	Que j'aie eu.
Que tu aies.	Que tu aies eu.
Qu'il ait.	Qu'il ait eu.
Que nous ayons.	Que nous ayons eu.
Que vous ayez.	Que vous ayez eu.
Qu'ils aient.	Qu'ils aient eu.

IMPARFAIT.	PLUS-QUE-PARFAIT.
Que j'eusse.	Que j'eusse eu.
Que tu eusses.	Que tu eusses eu.
Qu'il eût.	Qu'il eût eu.
Que nous eussions.	Que nous eussions eu.
Que vous eussiez.	Que vous eussiez eu.
Qu'ils eussent.	Qu'ils eussent eu.

INFINITIF.

PRÉSENT.	PASSÉ.
Avoir.	Avoir eu.

PARTICIPE.

PRÉSENT.	PASSÉ.
Ayant.	Ayant eu.

Remarque. La forme variable du participe *eu, eue,* n'entre pas dans l'auxiliaire; c'est le participe passif du verbe attributif *avoir,* lorsqu'il marque la possession.

On écrit aussi et on prononce à l'impératif et au subjonctif : *aye, que j'aye, que tu ayes, qu'ils ayent.*

§ 32. Conjugaison du verbe auxiliaire ÊTRE.

TEMPS SIMPLES.   *TEMPS COMPOSÉS.*

INDICATIF.

PRÉSENT.	PARFAIT INDÉFINI.
Je suis.	J'ai été.
Tu es.	Tu as été.
Il est.	Il a été.
Nous sommes.	Nous avons été.
Vous êtes.	Vous avez été.
Ils sont.	Ils ont été.

IMPARFAIT.	PLUS-QUE-PARFAIT.
J'étais.	J'avais été.
Tu étais.	Tu avais été.
Il était.	Il avait été.
Nous étions.	Nous avions été.
Vous étiez.	Vous aviez été.
Ils étaient.	Ils avaient été.

PARFAIT DÉFINI.	PARFAIT ANTÉRIEUR.
Je fus.	J'eus été.
Tu fus.	Tu eus été.
Il fut.	Il eut été.
Nous fûmes.	Nous eûmes été.
Vous fûtes.	Vous eûtes été.
Ils furent.	Ils eurent été.

FUTUR SIMPLE.	FUTUR ANTÉRIEUR.
Je serai.	J'aurai été.
Tu seras.	Tu auras été.
Il sera.	Il aura été.
Nous serons.	Nous aurons été.
Vous serez.	Vous aurez été.
Ils seront.	Ils auront été.

TEMPS SIMPLES.	*TEMPS COMPOSÉS.*

CONDITIONNEL.

PRÉSENT.	PASSÉ[1].
Je serais.	J'aurais été.
Tu serais.	Tu aurais été.
Il serait.	Il aurait été.
Nous serions.	Nous aurions été.
Vous seriez.	Vous auriez été.
Ils seraient.	Ils auraient été.

IMPÉRATIF.

PRÉSENT.	PASSÉ.
Sing. 2ᵉ pers. Sois.	Aie été.
Plur. 1ʳᵉ pers. Soyons.	Ayons été.
2ᵉ — Soyez.	Ayez été.

(Les autres personnes manquent.)

SUBJONCTIF

PRÉSENT.	PARFAIT.
Que je sois.	Que j'aie été.
Que tu sois.	Que tu aies été.
Qu'il soit.	Qu'il ait été.
Que nous soyons.	Que nous ayons été.
Que vous soyez.	Que vous ayez été.
Qu'ils soient.	Qu'ils aient été.

IMPARFAIT.	PLUS-QUE-PARFAIT.
Que je fusse.	Que j'eusse été.
Que tu fusses.	Que tu eusses été.
Qu'il fût.	Qu'il eût été.
Que nous fussions.	Que nous eussions été.
Que vous fussiez.	Que vous eussiez été.
Qu'ils fussent.	Qu'ils eussent été.

INFINITIF.

PRÉSENT.	PASSÉ.
Être.	Avoir été.

---

1. On dit aussi : *j'eusse été, tu eusses été, il eût été, nous eussions été, vous eussiez été, ils eussent été.*

TEMPS SIMPLES.   *TEMPS COMPOSÉS.*

PARTICIPE.

PRÉSENT.   PASSÉ.

Étant.   Ayant été.

Remarques. 1° Le verbe *avoir* est placé le premier, parce que pour les temps composés il se sert d'auxiliaire à lui-même, et qu'il entre également dans la conjugaison du verbe *être*. Ainsi le présent *j'ai* aide à faire le parfait indéfini *j'ai eu, j'ai été;* de l'imparfait *j'avais* vient le plus-que-parfait *j'avais eu, j'avais été, etc.*

2° L'impératif n'a que trois personnes dans les verbes français, la seconde du singulier, la première et la seconde du pluriel. L'omission du pronom sujet est le signe caractéristique de ce temps.

3° Le subjonctif se conjugue partout avec la conjonction *que,* pour marquer qu'il dépend toujours d'une autre phrase.

Des verbes actifs et des verbes neutres.

§ 35. Dans la conjugaison générale des verbes attributifs on distingue d'abord deux classes principales : les verbes *actifs* et les verbes *neutres.*

1° Les *verbes actifs* sont ainsi appelés parce qu'ils exercent une action directe, c'est-à-dire qu'ils agissent par eux-mêmes et sans l'intermédiaire d'aucun autre mot sur un mot qui leur est soumis : *la mère aime ses enfants; il n'a pu supporter cet affront.*

On reconnaît un verbe actif quand on peut le faire suivre de l'interrogation *qui* ou *quoi?* Aime *qui?* ses enfants. Supporter *quoi?* cet affront. Les mots *aime, supporter,* sont donc des verbes actifs; et les mots *enfant, affront,* sont dans la dépendance directe du verbe.

2° Les verbes *neutres* sont ceux qui n'agissent point ainsi par eux-mêmes; soit qu'ils expriment seulement un état : *je languis, le feu brille;* soit qu'ils désignent un acte dont l'effet ne tombe sur un mot dépendant qu'à l'aide d'une préposition : *nuire à quelqu'un, sortir de la ville, lutter contre la mort.*

Les verbes *nuire, sortir, lutter* n'agissent ici qu'avec le secours des prépositions *à, de, contre ;* ils sont neutres.

Des compléments ou régimes des verbes.

§ 34. On nomme *compléments* les mots qui servent à compléter, à déterminer la signification de quelque terme de la phrase.

Les verbes prennent deux sortes de compléments qu'on appelle plus spécialement *régimes :* ce sont le *régime direct* et le *régime indirect.*

Le régime *direct* est celui qui se joint au verbe sans l'intermédiaire d'aucun autre mot. Il ne peut jamais dépendre que d'un verbe actif : *honorons la vertu ; Dieu nous voit.* Les mots *vertu, nous,* sont des régimes directs.

Le régime *indirect* est celui qui se rattache au verbe par l'intermédiaire d'une préposition, et spécialement par les prépositions *à* et *de.* Il se joint au verbe actif comme au verbe neutre : *parler à quelqu'un ; accuser un homme de mensonge.* Les mots *à quelqu'un, de mensonge* sont des régimes indirects.

Conjugaison des verbes actifs.

§ 35. On divise les verbes français en quatre classes ou conjugaisons, que l'on distingue entre elles par le présent de l'infinitif. En effet, tout infinitif présente invariablement l'une des quatre terminaisons suivantes :

Première conjugaison, en ER : *Aimer, donner, partager.*
Deuxième conjugaison, en IR : *Finir, emplir, sortir.*
Troisième conjugaison, en OIR : *Recevoir, mouvoir, pouvoir.*
Quatrième conjugaison, en RE : *Rendre, répondre, dire.*

En séparant dans chaque verbe la terminaison de l'infinitif d'avec le reste du mot, on trouve une première partie qui reste invariable et qu'on nomme le *radical ;* la

2.

seconde varie et sert à marquer par les désinences toutes les modifications du verbe[1].

§ 36. Première conjugaison. Verbes en ER.

TEMPS SIMPLES.   *TEMPS COMPOSÉS.*

INDICATIF.

	PRÉSENT.	PARFAIT INDÉFINI.
Sing.	1re pers. J'aim-e.	J'ai aimé.
	2e — Tu aim-es.	Tu as aimé.
	3e — Il aim-e.	Il a aimé.
Plur.	1re pers. Nous aim-ons.	Nous avons aimé.
	2e — Vous aim-ez.	Vous avez aimé.
	3e — Ils aim-ent.	Ils ont aimé.

IMPARFAIT.	PLUS-QUE-PARFAIT.
J'aim-ais.	J'avais aimé.
Tu aim-ais.	Tu avais aimé.
Il aim-ait.	Il avait aimé.
Nous aim-ions.	Nous avions aimé.
Vous aim-iez.	Vous aviez aimé.
Ils aim-aient.	Ils avaient aimé.

PARFAIT DÉFINI.	PARFAIT ANTÉRIEUR.
J'aim-ai.	J'eus aimé.
Tu aim-as.	Tu eus aimé.
Il aim-a.	Il eut aimé.
Nous aim-âmes.	Nous eûmes aimé.
Vous aim-âtes.	Vous eûtes aimé.
Ils aim-èrent.	Ils eurent aimé.

FUTUR SIMPLE.	FUTUR ANTÉRIEUR.
J'aim-erai.	J'aurai aimé.
Tu aim-eras.	Tu auras aimé.
Il aim-era.	Il aura aimé.
Nous aim-erons.	Nous aurons aimé.
Vous aim-erez.	Vous aurez aimé.
Ils aim-eront.	Ils auront aimé.

1. Nous mettons une séparation entre le radical et la terminaison dans les temps simples de chaque verbe conjugué (*aim-er, j'aim-e, j'aim-ais*), pour indiquer de quelle manière on doit conjuguer les autres sur ce modèle.

TEMPS SIMPLES.   *TEMPS COMPOSÉS.*

CONDITIONNEL.

PRÉSENT.   **PASSÉ.**

J'aim-erais.	J'aurais aimé.
Tu aim-erais.	Tu aurais aimé.
Il aim-erait.	Il aurait aimé.
Nous aim-erions.	Nous aurions aimé.
Vous aim-eriez.	Vous auriez aimé.
Ils aim-eraient.	Ils auraient aimé.

IMPÉRATIF.

PRÉSENT.   **PASSÉ.**

Sing.	2ᵉ pers. Aim-e.	Aie aimé.
Plur.	1ʳᵉ pers. Aim-ons.	Ayons aimé.
	2ᵉ — Aim-ez.	Ayez aimé.

(Les autres personnes manquent.)

SUBJONCTIF.

PRÉSENT.   **PARFAIT.**

Que j'aim-e.	Que j'aie aimé.
Que tu aim-es.	Que tu aies aimé.
Qu'il aim-e.	Qu'il ait aimé.
Que nous aim-ions.	Que nous ayons aimé.
Que vous aim-iez.	Que vous ayez aimé.
Qu'ils aim-ent.	Qu'ils aient aimé.

IMPARFAIT.   **PLUS-QUE-PARFAIT.**

Que j'aim-asse.	Que j'eusse aimé.
Que tu aim-asses.	Que tu eusses aimé.
Qu'il aim-ât.	Qu'il eût aimé.
Que nous aim-assions.	Que nous eussions aimé.
Que vous aim-assiez.	Que vous eussiez aimé.
Qu'ils aim-assent.	Qu'ils eussent aimé.

INFINITIF.

PRÉSENT.   **PASSÉ.**

Aim-er.	Avoir aimé.

| *TEMPS SIMPLES.* | *TEMPS COMPOSÉS.* |

PARTICIPE.

| **PRÉSENT.** | **PASSÉ.** |

Aim-ant.   Ayant aimé.

PARTICIPE PASSIF.

Aimé, aimée.

On conjugue sur ce modèle, sans aucun changement, le plus grand nombre des verbes actifs terminés en *er*, comme *abîm-er*, *abreuv-er*, *chant-er*, *donn-er*, *frapp-er*, et même beaucoup de verbes neutres, comme *daign-er*, *march-er*, *sembl-er*, *vacill-er*; mais les verbes neutres n'ont point de participe passif.

Remarques. 1º Le modèle ci-dessus s'applique également à tous les verbes dont le radical est terminé par un *é* ou par un *i*, comme *agré-er*, *étudi-er*, *pri-er*. Ainsi l'on dit au présent de l'indicatif : *j'agré-e, j'expi-e*; à l'imparfait : *nous agré-ions, nous étudi-ions, vous pri-iez*; au présent du subjonctif : *que nous supplé-ions, que vous agré-iez*; au participe passif : *agré-é, agré-ée; expi-é, expi-ée.*

2º Dans chaque verbe, le conditionnel passé emprunte une seconde forme au plus-que-parfait du subjonctif : *j'eusse aimé, j'eusse fini, j'eusse rendu.*

Variations dans l'orthographe des verbes de la première conjugaison.

§ 37. I. Dans les verbes où le radical finit par un *u*, si cette voyelle a une valeur propre et un son à part, comme *tu-er, contribu-er, avou-er* (et non comme *pratiquer, briguer*), il faut mettre un tréma sur l'*i* qui vient après : *nous tuïons, que nous contribuïons, que vous secouïez.*

II. Dans les verbes où le radical est terminé par un *y* précédé d'une autre voyelle, *pay-er, employ-er, essuy-er*, il faut observer s'il est suivi d'un *e* muet.

Dans ce cas, les verbes en *ayer* s'écrivent et se prononcent ainsi : *je paye, tu payes, il paye* (ou *il paie*), *nous payons, vous payez, ils payent* (ou *ils paient*); au futur : *je payerai,* ou *je paierai;* au conditionnel : *je payerais,* ou *je paierais;* et cette double orthographe s'étend à toutes les personnes de ces deux temps. Mais l'*y* reste partout à l'impératif et au subjonctif; on doit toujours écrire et prononcer : *paye, payons, que je paye, qu'il paye, que nous payions.*

Dans les verbes terminés par *oyer* et *uyer*, on substitue partout un *i* devant l'*e* muet pour rendre la prononciation plus douce : *j'emploie, j'essuie, j'appuierai.*

III. Si l'infinitif est en *cer* ou en *ger*, il faut conserver partout le son adouci. Par conséquent, on met *ç* avec la cédille toutes les fois qu'il précède un *a* ou un *o* : *il força, nous lançâmes, avançons, menaçant,* et après *g,* dans le même cas, on intercale un *e* muet euphonique : *nous changeâmes, il neigea, partageons, affligeant.*

IV. Si l'infinitif contient un *e* muet avant la syllabe finale, il faut le marquer d'un accent grave toutes les fois qu'il doit être suivi d'une terminaison muette.

Ainsi les verbes *achev-er, men-er, pes-er, soulev-er, etc.,* prennent un *è* ouvert devant les désinences muettes : *achèv-e, je mèn-e, qu'il pès-e, qu'il soulèv-e.*

La même règle s'applique à certains verbes terminés en *eler* ou *eter;* ce sont *bourreler, celer, déceler, dégeler, geler, harceler, peler,* et aussi *acheter, racheter, becqueter, décolleter.* Il faut donc écrire avec l'accent grave : *bourrèle, cèle, gèle, harcèle, pèle, achète, rachète, becquète, décollète.* Mais pour les autres verbes, l'accentuation se marque par la consonne doublée : *appeler, j'appelle; étinceler, ils étincellent; jeter, je jette; cacheter, tu cachettes, etc.*

Remarque. Ce changement s'opère aussi sur le futur et sur le conditionnel : *j'achèverai, il gèlera, nous appellerons, tu cachetterais.*

V. Quand la dernière syllabe de l'infinitif est précédée d'un *é* fermé, on le change aussi en *è* ouvert devant les désinences muettes. Ainsi, dans les verbes *alléguer, céder, espérer, répéter, etc.*, l'accent aigu devra se changer en accent grave : *il allègue, il cède, il espère, il répète.*

Toutefois les verbes terminés en *éger* conservent partout l'accent aigu : *j'abrége, tu assiéges, qu'il protége.*

§ 38.   Deuxième conjugaison. Verbes en IR.

TEMPS SIMPLES.   *TEMPS COMPOSÉS.*

INDICATIF.

PRÉSENT.

Je fin-is.	J'ai fini.
Tu fin-is.	Tu as fini.
Il fin-it.	Il a fini.
Nous fin-issons.	Nous avons fini.
Vous fin-issez.	Vous avez fini.
Ils fin-issent.	Ils ont fini.

IMPARFAIT.   **PLUS-QUE-PARFAIT.**

Je fin-issais.	J'avais fini.
Tu fin-issais.	Tu avais fini.
Il fin-issait.	Il avait fini.
Nous fin-issions.	Nous avions fini.
Vous fin-issiez.	Vous aviez fini.
Ils fin-issaient.	Ils avaient fini.

PARFAIT DÉFINI.   **PARFAIT ANTÉRIEUR.**

Je fin-is.	J'eus fini.
Tu fin-is.	Tu eus fini.
Il fin-it.	Il eut fini.
Nous fin-îmes.	Nous eûmes fini.
Vous fin-îtes.	Vous eûtes fini.
Ils fin-irent.	Ils eurent fini.

FUTUR SIMPLE.   **FUTUR ANTÉRIEUR.**

Je fin-irai.	J'aurai fini.
Tu fin-iras.	Tu auras fini.
Il fin-ira.	Il aura fini.
Nous fin-irons.	Nous aurons fini.
Vous fin-irez.	Vous aurez fini.
Ils fin-iront.	Ils auront fini.

TEMPS SIMPLES.   *TEMPS COMPOSÉS.*

CONDITIONNEL.

PRÉSENT.   PASSÉ.

Je fin-irais.   J'aurais fini.
Tu fin-irais.   Tu aurais fini.
Il fin-irait.   Il aurait fini.
Nous fin-irions.   Nous aurions fini.
Vous fin-iriez.   Vous auriez fini.
Ils fin-iraient.   Ils auraient fini.

IMPÉRATIF.

PRÉSENT.   PASSÉ.

Fin-is.   Aie fini.
Fin-issons.   Ayons fini.
Fin-issez.   Ayez fini.

SUBJONCTIF.

PRÉSENT.   PARFAIT.

Que je fin-isse.   Que j'aie fini.
Que tu fin-isses.   Que tu aies fini.
Qu'il fin-isse.   Qu'il ait fini.
Que nous fin-issions.   Que nous ayons fini.
Que vous fin-issiez.   Que vous ayez fini.
Qu'ils fin-issent.   Qu'ils aient fini.

IMPARFAIT.   PLUS-QUE-PARFAIT.

Que je fin-isse.   Que j'eusse fini.
Que tu fin-isses.   Que tu eusses fini.
Qu'il fin-ît.   Qu'il eût fini.
Que nous fin-issions.   Que nous eussions fini.
Que vous fin-issiez.   Que vous eussiez fini.
Qu'ils fin-issent.   Qu'ils eussent fini.

INFINITIF.

PRÉSENT.   PASSÉ.

Fin-ir.   Avoir fini.

| TEMPS SIMPLES. | TEMPS COMPOSÉS. |

PARTICIPE.

| PRÉSENT. | PASSÉ. |

Fin-issant.   Ayant fini.

PARTICIPE PASSIF.

Fini, finie.

On conjugue de même les verbes actifs : *Adouc-ir, applaud-ir, avert-ir, envah-ir, trah-ir, etc.*; et les verbes neutres, mais sans participe passif : *ag-ir, gém-ir, jou-ir, etc.*

§ 39.   Troisième conjugaison. Verbes en OIR.

| TEMPS SIMPLES. | TEMPS COMPOSÉS. |

INDICATIF.

| PRÉSENT. | PARFAIT INDÉFINI. |

Je reç-ois.   J'ai reçu.
Tu reç-ois.   Tu as reçu.
Il reç-oit.   Il a reçu.
Nous rec-evons.   Nous avons reçu.
Vous rec-evez.   Vous avez reçu.
Ils reç-oivent.   Ils ont reçu.

| IMPARFAIT. | PLUS-QUE-PARFAIT. |

Je rec-evais.   J'avais reçu.
Tu rec-evais.   Tu avais reçu.
Il rec-evait.   Il avait reçu.
Nous rec-evions.   Nous avions reçu.
Vous rec-eviez.   Vous aviez reçu.
Ils rec-evaient.   Ils avaient reçu.

| PARFAIT DÉFINI. | PARFAIT ANTÉRIEUR. |

Je reç-us.   J'eus reçu.
Tu reç-us.   Tu eus reçu.
Il reç-ut.   Il eut reçu.
Nous reç-ûmes.   Nous eûmes reçu.
Vous reç-ûtes.   Vous eûtes reçu.
Ils reç-urent.   Ils eurent reçu.

2.

TEMPS SIMPLES.	*TEMPS COMPOSÉS.*

FUTUR SIMPLE.

FUTUR SIMPLE.	FUTUR ANTÉRIEUR.
Je rec-evrai.	J'aurai reçu.
Tu rec-evras.	Tu auras reçu.
Il rec-evra.	Il aura reçu.
Nous rec-evrons.	Nous aurons reçu.
Vous rec-evrez.	Vous aurez reçu.
Ils rec-evront.	Ils auront reçu.

CONDITIONNEL.

PRÉSENT.	PASSÉ.
Je rec-evrais.	J'aurais reçu.
Tu rec-evrais.	Tu aurais reçu.
Il rec-evrait.	Il aurait reçu.
Nous rec-evrions.	Nous aurions reçu.
Vous rec-evriez.	Vous auriez reçu.
Ils rec-evraient.	Ils auraient reçu.

IMPÉRATIF.

PRÉSENT.	PASSÉ.
Reç-ois.	Aie reçu.
Rec-evons.	Ayons reçu.
Rec-evez.	Ayez reçu.

SUBJONCTIF.

PRÉSENT.	PARFAIT.
Que je reç-oive.	Que j'aie reçu.
Que tu reç-oives.	Que tu aies reçu.
Qu'il reç-oive.	Qu'il ait reçu.
Que nous rec-evions.	Que nous ayons reçu.
Que vous rec-eviez.	Que vous ayez reçu.
Qu'ils reç-oivent.	Qu'ils aient reçu.

IMPARFAIT.	PLUS-QUE-PARFAIT.
Que je reç-usse.	Que j'eusse reçu.
Que tu reç-usses.	Que tu eusses reçu.
Qu'il reç-ût.	Qu'il eût reçu.
Que nous reç-ussions.	Que nous eussions reçu.
Que vous reç-ussiez.	Que vous eussiez reçu.
Qu'ils reç-ussent.	Qu'ils eussent reçu.

| TEMPS SIMPLES. | TEMPS COMPOSÉS. |

INFINITIF.

| PRÉSENT. | PASSÉ. |
| Rec-evoir. | Avoir reçu. |

PARTICIPE.

| PRÉSENT. | PASSÉ. |
| Rec-evant. | Ayant reçu. |

PARTICIPE PASSIF.

Reçu, reçue.

On conjugue de même les verbes actifs : *Aperc - evoir*, *conc - evoir*, *perc - evoir, etc.* Mais il n'y a que les mots terminés en *cevoir* qui se conjuguent régulièrement sur ce modèle.

Remarque. Dans cette conjugaison, le *c* prend une cédille toutes les fois qu'il est suivi d'un *o* ou d'un *u :* *reçois, reçu.*

§ 40.   Quatrième conjugaison. Verbes en RE.

| TEMPS SIMPLES. | TEMPS COMPOSÉS. |

INDICATIF.

PRÉSENT.	PARFAIT INDÉFINI.
Je rend-s.	J'ai rendu.
Tu rend-s.	Tu as rendu.
Il rend.	Il a rendu.
Nous rend-ons.	Nous avons rendu.
Vous rend-ez.	Vous avez rendu.
Ils rend-ent.	Ils ont rendu.

IMPARFAIT.	PLUS-QUE-PARFAIT.
Je rend-ais.	J'avais rendu.
Tu rend-ais.	Tu avais rendu.
Il rend-ait.	Il avait rendu.
Nous rend-ions.	Nous avions rendu.
Vous rend-iez.	Vous aviez rendu.
Ils rend-aient.	Ils avaient rendu.

TEMPS SIMPLES.	*TEMPS COMPOSÉS.*
PARFAIT DÉFINI.	**PARFAIT ANTÉRIEUR.**
Je rend-is.	J'eus rendu.
Tu rend-is.	Tu eus rendu.
Il rend-it.	Il eut rendu.
Nous rend-îmes.	Nous eûmes rendu.
Vous rend-îtes.	Vous eûtes rendu.
Ils rend-irent.	Ils eurent rendu.
FUTUR SIMPLE.	**FUTUR ANTÉRIEUR.**
Je rend-rai.	J'aurai rendu.
Tu rend-ras.	Tu auras rendu.
Il rend-ra.	Il aura rendu.
Nous rend-rons.	Nous aurons rendu.
Vous rend-rez.	Vous aurez rendu.
Ils rend-ront.	Ils auront rendu.

CONDITIONNEL.

PRÉSENT.	**PASSÉ.**
Je rend-rais.	J'aurais rendu.
Tu rend-rais.	Tu aurais rendu.
Il rend-rait.	Il aurait rendu.
Nous rend-rions.	Nous aurions rendu.
Vous rend-riez.	Vous auriez rendu.
Ils rend-raient.	Ils auraient rendu.

IMPÉRATIF.

PRÉSENT.	**PASSÉ.**
Rend-s.	Aie rendu.
Rend-ons.	Ayons rendu.
Rend-ez.	Ayez rendu.

SUBJONCTIF.

PRÉSENT.	**PARFAIT.**
Que je rend-e.	Que j'aie rendu.
Que tu rend-es.	Que tu aies rendu.
Qu'il rend-e.	Qu'il ait rendu.
Que nous rend-ions.	Que nous ayons rendu.
Que vous rend-iez.	Que vous ayez rendu.
Qu'ils rend-ent.	Qu'ils aient rendu.

TEMPS SIMPLES.	TEMPS COMPOSÉS.

IMPARFAIT.

PLUS-QUE-PARFAIT.

Que je rend-isse.	Que j'eusse rendu.
Que tu rend-isses.	Que tu eusses rendu.
Qu'il rend-ît.	Qu'il eût rendu.
Que nous rend-issions.	Que nous eussions rendu.
Que vous rend-issiez.	Que vous eussiez rendu.
Qu'ils rend-issent.	Qu'ils eussent rendu.

INFINITIF.

PRÉSENT.

PASSÉ.

Rend-re.

Avoir rendu.

PARTICIPE.

PRÉSENT.

PASSÉ.

Rend-ant.

Ayant rendu.

PARTICIPE PASSIF.

Rendu, rendue.

On conjugue de même les verbes actifs : *Défend-re, étend-re, répand-re,* et tous ceux en *endre,* excepté *prendre* et ses dérivés.

On conjugue également sur ce modèle : *mord-re, tord-re, tond-re, perd-re* et aussi *répond-re,* qui étant neutre n'a point de participe passif.

Formation des temps.

§ **41.** On appelle *temps primitifs* ceux qui existent en quelque sorte les premiers, et dont les autres empruntent leur forme : ceux-ci se nomment *temps dérivés.*

On reconnaît dans les verbes français cinq temps primitifs : le *présent de l'infinitif,* le *présent de l'indicatif,* le *parfait défini,* le *participe présent,* le *participe passé.* L'énonciation de ces parties essentielles sert de fondement à la conjugaison.

AIMER.	J'aime,	j'aimai,	aimant,	(ayant) aimé.
FINIR.	Je finis,	je finis,	finissant,	(ayant) fini.
RECEVOIR.	Je reçois,	je reçus,	recevant,	(ayant) reçu.
RENDRE.	Je rends,	je rendis,	rendant,	(ayant) rendu.

Ces temps servent à former tous les autres.

1° Le *présent de l'infinitif* a pour dérivés le *futur simple* et le *conditionnel présent*.

On forme le *futur* en ajoutant *ai* après *r* final à l'infinitif de la première et de la seconde conjugaison, et en changeant pour les deux autres *oir* ou *re* en *rai* : *je donner-ai, j'agir-ai, je concev-rai, je défend-rai*[1].

Le *conditionnel* est toujours dérivé de la même manière que le futur; on met *rais* au lieu de *rai*.

2° De l'*indicatif présent* vient l'*impératif*. Il suffit, en prenant les trois personnes correspondantes, d'omettre les pronoms, et, dans la première conjugaison, de retrancher *s* à la seconde personne du singulier : *aime, aimons, aimez; reçois, recevons, recevez*.

Les trois personnes du pluriel ont une ressemblance exacte avec le participe présent : *finissant, nous finissons, vous finissez, ils finissent; rendant, nous rendons, vous rendez, ils rendent*. On les regarde comme dérivées de ce participe.

3° Le *parfait défini* sert à former l'*imparfait du subjonctif*. On change *ai* en *asse* dans la première conjugaison et on ajoute *se* aux trois autres : *j'aim-ai, que j'aim-asse; je finis, je reçus, je rendis, que je finis-se, que je reçus-se, que je rendis-se*.

4° Le *participe présent* a pour dérivés l'*imparfait de l'indicatif* et le *présent du subjonctif*.

Pour l'*imparfait*, la finale *ant* est remplacée par *ais* : *aim-ant, j'aim-ais; recev-ant, je recev-ais*.

Pour le *présent du subjonctif*, on substitue l'*e* muet à la désinence du participe : *finiss-ant, que je finiss-e; rend-ant, que je rend-e*. Mais ce temps, à la troisième conjugaison, vient exceptionnellement du présent de l'indicatif : *je reçois, que je reçoive; je meus, que je meuve*.

5° Le *participe passé*, combiné avec les temps simples

---

1. Nous indiquons seulement la première personne : le reste suit de soi-même.

de l'auxiliaire, forme tous les temps composés du verbe : *ayant aimé, j'ai aimé, j'aurai aimé, j'eusse aimé, etc.*

Conjugaison des verbes neutres.

§ 42. Parmi les verbes neutres, le plus grand nombre suit la marche ordinaire des verbes actifs; mais quelques-uns, comme *arriver, naître, partir, tomber,* se conjuguent avec l'auxiliaire *être.*

Leurs temps simples ne s'écartent pas de la règle générale des conjugaisons. Mais aux temps composés, au lieu de l'auxiliaire *avoir,* on emploie le verbe *être.*

ARRIVER. J'arrive, j'arrivai, arrivant, (étant) arrivé ou arrivée.
PARTIR. Je *pars,* je *partis, partant,* (étant) *parti* ou *partie.*
NAÎTRE. Je *nais,* je *naquis, naissant,* (étant) *né* ou *née.*

Après l'auxiliaire *être,* le participe passé est partout variable et s'accorde avec le sujet en genre et en nombre.

§ 43.   Verbe neutre conjugué avec *être.*

TEMPS SIMPLES.   *TEMPS COMPOSÉS.*

INDICATIF.

PRÉSENT.	PARFAIT INDÉFINI.
J'arrive.	Je suis arrivé *ou* arrivée.
Tu arrives.	Tu es arrivé *ou* arrivée.
Il arrive.	Il est arrivé; elle est arrivée.
Nous arrivons.	Nous sommes arrivés *ou* arrivées.
Vous arrivez.	Vous êtes arrivés *ou* arrivées.
Ils arrivent.	Ils sont arrivés; elles sont arrivées.

IMPARFAIT.	PLUS-QUE-PARFAIT.
J'arrivais.	J'étais arrivé *ou* arrivée.
Tu arrivais.	Tu étais arrivé *ou* arrivée.
Il arrivait.	Il était arrivé; elle était arrivée.
Nous arrivions.	Nous étions arrivés *ou* arrivées.
Vous arriviez.	Vous étiez arrivés *ou* arrivées.
Ils arrivaient.	Ils étaient arrivés; elles étaient arrivées.

TEMPS SIMPLES. *TEMPS COMPOSÉS.*

PARFAIT DÉFINI.

J'arrivai.
Tu arrivas.
Il arriva.
Nous arrivâmes.
Vous arrivâtes.
Ils arrivèrent.

PARFAIT ANTÉRIEUR.

Je fus arrivé *ou* arrivée.
Tu fus arrivé *ou* arrivée.
Il fut arrivé ; elle fut arrivée.
Nous fûmes arrivés *ou* arrivées.
Vous fûtes arrivés *ou* arrivées.
Ils furent arrivés ; elles furent arrivées.

FUTUR SIMPLE.

J'arriverai.
Tu arriveras.
Il arrivera.
Nous arriverons.
Vous arriverez.
Ils arriveront.

FUTUR ANTÉRIEUR.

Je serai arrivé *ou* arrivée.
Tu seras arrivé *ou* arrivée.
Il sera arrivé ; elle sera arrivée.
Nous serons arrivés *ou* arrivées.
Vous serez arrivés *ou* arrivées.
Ils seront arrivés ; elles seront arrivées.

CONDITIONNEL.

PRÉSENT.

J'arriverais.
Tu arriverais.
Il arriverait.
Nous arriverions.
Vous arriveriez.
Ils arriveraient.

PASSÉ.

Je serais arrivé *ou* arrivée.
Tu serais arrivé *ou* arrivée.
Il serait arrivé ; elle serait arrivée.
Nous serions arrivés *ou* arrivées.
Vous seriez arrivés *ou* arrivées.
Ils seraient arrivés ; elles seraient arrivées.

IMPÉRATIF.

PRÉSENT.

Arrive.
Arrivons.
Arrivez.

PASSÉ.

Sois arrivé *ou* arrivée.
Soyons ⎱
Soyez ⎰ arrivés *ou* arrivées.

TEMPS SIMPLES.   *TEMPS COMPOSÉS.*

SUBJONCTIF.

PRÉSENT.

Que j'arrive.
Que tu arrives.
Qu'il arrive.
Que nous arrivions.
Que vous arriviez.
Qu'ils arrivent.

PARFAIT.

Que je sois arrivé *ou* arrivée.
Que tu sois arrivé *ou* arrivée.
Qu'il soit arrivé; qu'elle soit arrivée.
Que nous soyons arrivés *ou* arrivées.
Que vous soyez arrivés *ou* arrivées.
Qu'ils soient arrivés; qu'elles soient arrivées.

IMPARFAIT.

Que j'arrivasse.
Que tu arrivasses.
Qu'il arrivât.
Que nous arrivassions.
Que vous arrivassiez.
Qu'ils arrivassent.

PLUS-QUE-PARFAIT.

Que je fusse arrivé *ou* arrivée.
Que tu fusses arrivé *ou* arrivée.
Qu'il fût arrivé; qu'elle fût arrivée.
Que nous fussions arrivés *ou* arrivées.
Que vous fussiez arrivés *ou* arrivées.
Qu'ils fussent arrivés; qu'elles fussent arrivées.

INFINITIF.

PRÉSENT.   PASSÉ.

Arriver.   Être arrivé *ou* arrivée.

PARTICIPE.

PRÉSENT.   PASSÉ.

Arrivant.   Étant arrivé *ou* arrivée.

Des verbes passifs.

§ 44. Le verbe passif marque une action supportée par le sujet : *je suis frappé; ce livre est lu.* Il est l'opposé du verbe actif, et n'a pas une forme particulière.

Sa conjugaison est celle du verbe *être,* auquel on joint partout le participe passif en accord avec le sujet.

§ 45.   Conjugaison du verbe passif.

TEMPS SIMPLES.   *TEMPS COMPOSÉS.*

INDICATIF.

PRÉSENT.	PARFAIT INDÉFINI.
Je suis aimé *ou* aimée.	J'ai été aimé *ou* aimée.
Tu es aimé *ou* aimée.	Tu as été aimé *ou* aimée.
Il est aimé ; elle est aimée.	Il a été aimé ; elle a été aimée.
Nous sommes aimés *ou* aimées.	Nous avons été aimés *ou* aimées.
Vous êtes aimés *ou* aimées.	Vous avez été aimés *ou* aimées.
Ils sont aimés ; elles sont aimées.	Ils ont été aimés ; elles ont été aimées.

IMPARFAIT.	PLUS-QUE-PARFAIT.
J'étais aimé *ou* aimée.	J'avais été aimé *ou* aimée.
Tu étais aimé *ou* aimée.	Tu avais été aimé *ou* aimée.
Il était aimé ; elle était aimée.	Il avait été aimé ; elle avait été aimée.
Nous étions aimés *ou* aimées.	Nous avions été aimés *ou* aimées.
Vous étiez aimés *ou* aimées.	Vous aviez été aimés *ou* aimées.
Ils étaient aimés ; elles étaient aimées.	Ils avaient été aimés ; elles avaient été aimées.

PARFAIT DÉFINI.	PARFAIT ANTÉRIEUR.
Je fus aimé *ou* aimée.	J'eus été aimé *ou* aimée.
Tu fus aimé *ou* aimée.	Tu eus été aimé *ou* aimée.
Il fut aimé ; elle fut aimée.	Il eut été aimé ; elle eut été aimée.
Nous fûmes aimés *ou* aimées.	Nous eûmes été aimés *ou* aimées.
Vous fûtes aimés *ou* aimées.	Vous eûtes été aimés *ou* aimées.
Ils furent aimés ; elles furent aimées.	Ils eurent été aimés ; elles eurent été aimées.

TEMPS SIMPLES.	*TEMPS COMPOSÉS.*
FUTUR SIMPLE.	**FUTUR ANTÉRIEUR.**

Je serai aimé *ou* aimée.
Tu seras aimé *ou* aimée.
Il sera aimé ; elle sera aimée.

Nous serons aimés *ou* aimées.

Vous serez aimés *ou* aimées.

Ils seront aimés ; elles seront
aimées.

J'aurai été aimé *ou* aimée.
Tu auras été aimé *ou* aimée.
Il aura été aimé ; elle aura été
aimée.
Nous aurons été aimés *ou* ai-
mées.
Vous aurez été aimés *ou* ai-
mées.
Ils auront été aimés, elles
auront été aimées.

CONDITIONNEL.

PRÉSENT. **PASSÉ.**

Je serais aimé *ou* aimée.
Tu serais aimé *ou* aimée.
Il serait aimé ; elle serait ai-
mée.
Nous serions aimés *ou* aimées.

Vous seriez aimés *ou* aimées.

Ils seraient aimés, elles seraient aimées.

J'aurais été aimé *ou* aimée.
Tu aurais été aimé *ou* aimée.
Il aurait été aimé ; elle aurait
été aimée.
Nous aurions été aimés *ou* ai-
mées.
Vous auriez été aimés *ou* ai-
mées.
Ils auraient été aimés, elles
auraient été aimées.

IMPÉRATIF.

PRÉSENT.

Sois aimé *ou* aimée.
Soyons aimés *ou* aimées.   (*Le passé n'est pas employé.*)
Soyez aimés *ou* aimées.

SUBJONCTIF.

PRÉSENT. **PARFAIT.**

Que je sois aimé *ou* aimée.
Que tu sois aimé *ou* aimée.
Qu'il soit aimé ; qu'elle soit
aimée.

Que j'aie été aimé *ou* aimée.
Que tu aies été aimé *ou* aimée.
Qu'il ait été aimé ; qu'elle ait
été aimée.

<table>
<tr><td>

TEMPS SIMPLES.

Que nous soyons aimés *ou* ai-
mées.
Que vous soyez aimés *ou* ai-
mées.
Qu'ils soient aimés ; qu'elles
soient aimées.

</td><td>

TEMPS COMPOSÉS.

Que nous ayons été aimés *ou*
aimées.
Que vous ayez été aimés *ou*
aimées.
Qu'ils aient été aimés ; qu'elles
aient été aimées.

</td></tr>
</table>

IMPARFAIT.	PLUS-QUE-PARFAIT.

<table>
<tr><td>

Que je fusse aimé *ou* aimée.
Que tu fusses aimé *ou* aimée.

Qu'il fût aimé ; qu'elle fût ai-
mée.
Que nous fussions aimés *ou*
aimées.
Que vous fussiez aimés *ou* ai-
mées.
Qu'ils fussent aimés ; qu'elles
fussent aimées.

</td><td>

Que j'eusse été aimé *ou* aimée.
Que tu eusses été aimé *ou* ai-
mée.
Qu'il eût été aimé ; qu'elle eût
été aimée.
Que nous eussions été aimés
ou aimées.
Que vous eussiez été aimés *ou*
aimées.
Qu'ils eussent été aimés ;
qu'elles eussent été aimées.

</td></tr>
</table>

INFINITIF.

PRÉSENT.	PASSÉ.
Être aimé *ou* aimée.	Avoir été aimé *ou* aimée.

PARTICIPE.

PRÉSENT.	PASSÉ.
Étant aimé *ou* aimée.	Ayant été aimé *ou* aimée.

Des verbes pronominaux.

§ 46. On nomme *pronominaux* les verbes qui se conjuguent avec deux pronoms de la même personne, dont
l'un représente le sujet et l'autre le régime : *je m'enfuis,
tu te vantes, elle se repentira.*

Les verbes qui ne s'emploient jamais sans le pronom
personnel sont *essentiellement pronominaux,* comme
s'adonner, s'abstenir, s'emparer. Ils sont tous actifs, et
par conséquent le pronom forme un régime direct ; il
n'y a d'exception que pour *s'arroger (arroger à soi).*

Les verbes actifs ou neutres deviennent *accidentelle-ment pronominaux* lorsqu'ils sont accompagnés d'un pronom régime, soit direct : *se blesser, se flatter, se louer;* soit indirect : *se nuire, se plaire (nuire, plaire à soi).*

Tous ces verbes, dans les temps composés, prennent invariablement l'auxiliaire *être : je me suis repenti, je me suis flatté, il s'est nui;* au lieu de : *je m'ai repenti, je m'ai flatté, il s'a nui.* Dans ce cas, toutes les fois que le participe est précédé d'un pronom en régime direct, il se met en accord avec lui : *elles se sont repenties, elles se sont flattées, ils se sont troublés.* Mais si le complément est indirect, le participe reste invariable : *ces femmes se sont nui, se sont plu (ont nui, ont plu à elles).*

§ 47. Conjugaison d'un verbe pronominal avec régime direct.

TEMPS SIMPLES.   *TEMPS COMPOSÉS.*

INDICATIF.

PRÉSENT.	PARFAIT INDÉFINI.
Je m'adonne.	Je me suis adonné *ou* adonnée.
Tu t'adonnes.	Tu t'es adonné *ou* adonnée.
Il s'adonne.	Il s'est adonné ; elle s'est adonnée.
Nous nous adonnons.	Nous nous sommes adonnés *ou* adonnées.
Vous vous adonnez.	Vous vous êtes adonnés *ou* adonnées.
Ils s'adonnent.	Ils se sont adonnés ; elles se sont adonnées.

IMPARFAIT.	PLUS-QUE-PARFAIT.
Je m'adonnais.	Je m'étais adonné *ou* adonnée.
Tu t'adonnais.	Tu t'étais adonné *ou* adonnée.
Il s'adonnait.	Il s'était adonné ; elle s'était adonnée.
Nous nous adonnions.	Nous nous étions adonnés *ou* adonnées.
Vous vous adonniez.	Vous vous étiez adonnés *ou* adonnées.
Ils s'adonnaient.	Ils s'étaient adonnés ; elles s'étaient adonnées.

TEMPS SIMPLES.	TEMPS COMPOSÉS.

PARFAIT DÉFINI. | PARFAIT ANTÉRIEUR.

Je m'adonnai.

Tu t'adonnas.

Il s'adonna.

Nous nous adonnâmes.

Vous vous adonnâtes.

Ils s'adonnèrent.

Je me fus adonné *ou* adonnée.

Tu te fus adonné *ou* adonnée.

Il se fut adonné; elle se fut adonnée.

Nous nous fûmes adonnés *ou* adonnées.

Vous vous fûtes adonnés *ou* adonnées.

Ils se furent adonnés; elles se furent adonnées.

FUTUR SIMPLE. | FUTUR ANTÉRIEUR.

Je m'adonnerai.

Tu t'adonneras.

Il s'adonnera.

Nous nous adonnerons.

Vous vous adonnerez.

Ils s'adonneront.

Je me serai adonné *ou* adonnée.

Tu te seras adonné *ou* adonnée.

Il se sera adonné; elle se sera adonnée.

Nous nous serons adonnés *ou* adonnées.

Vous vous serez adonnés *ou* adonnées.

Ils se seront adonnés; elles se seront adonnées.

CONDITIONNEL.

PRÉSENT. | PASSÉ.

Je m'adonnerais.

Tu t'adonnerais.

Il s'adonnerait.

Nous nous adonnerions.

Vous vous adonneriez.

Ils s'adonneraient.

Je me serais adonné *ou* adonnée.

Tu te serais adonné *ou* adonnée.

Il se serait adonné; elle se serait adonnée.

Nous nous serions adonnés *ou* adonnées.

Vous vous seriez adonnés *ou* adonnées.

Ils se seraient adonnés; elles se seraient adonnées.

TEMPS SIMPLES.　　　*TEMPS COMPOSÉS.*

IMPÉRATIF.

PRÉSENT.

Adonne-toi.
Adonnons-nous.　　　(*Le passé n'existe pas.*)
Adonnez-vous.

SUBJONCTIF.

PRÉSENT.　　　　**PARFAIT.**

Que je m'adonne.　　　Que je me sois adonné *ou* adonnée.

Que tu t'adonnes.　　　Que tu te sois adonné *ou* adonnée.

Qu'il s'adonne.　　　Qu'il se soit adonné; qu'elle se soit adonnée.

Que nous nous adonnions.　　　Que nous nous soyons adonnés *ou* adonnées.

Que vous vous adonniez.　　　Que vous vous soyez adonnés *ou* adonnées.

Qu'ils s'adonnent.　　　Qu'ils se soient adonnés; qu'elles se soient adonnées.

IMPARFAIT.　　　　**PLUS-QUE-PARFAIT.**

Que je m'adonnasse.　　　Que je me fusse adonné *ou* adonnée.

Que tu t'adonnasses.　　　Que tu te fusses adonné *ou* adonnée.

Qu'il s'adonnât.　　　Qu'il se fût adonné; qu'elle se fût adonnée.

Que nous nous adonnassions.　　　Que nous nous fussions adonnés *ou* adonnées.

Que vous vous adonnassiez.　　　Que vous vous fussiez adonnés *ou* adonnées.

Qu'ils s'adonnassent.　　　Qu'ils se fussent adonnés; qu'elles se fussent adonnées.

INFINITIF

PRÉSENT.　　　　**PASSÉ.**

S'adonner.　　　S'être adonné *ou* adonnée.

TEMPS SIMPLES.					*TEMPS COMPOSÉS.*

PARTICIPE.

PRÉSENT.					PASSÉ.

S'adonnant.					S'étant adonné *ou* adonnée.

§ 48. **Conjugaison d'un verbe pronominal avec régime indirect.**

INDICATIF.

PRÉSENT.					PARFAIT INDÉFINI.

Je me nuis.					Je me suis nui.
Tu te nuis.					Tu t'es nui.
Il se nuit.					Il *ou* elle s'est nui.
Nous nous nuisons.					Nous nous sommes nui.
Vous vous nuisez.					Vous vous êtes nui.
Ils se nuisent.					Ils *ou* elles se sont nui.

IMPARFAIT.					PLUS-QUE-PARFAIT.

Je me nuisais.					Je m'étais nui.
Tu te nuisais.					Tu t'étais nui.
Il se nuisait.					Il s'était nui.
Nous nous nuisions.					Nous nous étions nui.
Vous vous nuisiez.					Vous vous étiez nui.
Ils se nuisaient.					Ils s'étaient nui.

PARFAIT DÉFINI.					PARFAIT ANTÉRIEUR.

Je me nuisis.					Je me fus nui.
Tu te nuisis.					Tu te fus nui.
Il se nuisit.					Il se fut nui.
Nous nous nuisîmes.					Nous nous fûmes nui.
Vous vous nuisîtes.					Vous vous fûtes nui.
Ils se nuisirent.					Ils se furent nui.

FUTUR SIMPLE.					FUTUR ANTÉRIEUR.

Je me nuirai.					Je me serai nui.
Tu te nuiras.					Tu te seras nui.
Il se nuira.					Il se sera nui.
Nous nous nuirons.					Nous nous serons nui.
Vous vous nuirez.					Vous vous serez nui.
Ils se nuiront.					Ils se seront nui.

TEMPS SIMPLES.	*TEMPS COMPOSÉS.*

CONDITIONNEL.

PRÉSENT.	PASSÉ.
Je me nuirais.	Je me serais nui.
Tu te nuirais.	Tu te serais nui.
Il se nuirait.	Il se serait nui.
Nous nous nuirions.	Nous nous serions nui.
Vous vous nuiriez.	Vous vous seriez nui.
Ils se nuiraient.	Ils se seraient nui.

IMPÉRATIF.

PRÉSENT.

Nuis-toi.
Nuisons-nous.   (*Le passé n'existe pas.*)
Nuisez-vous.

SUBJONCTIF.

PRÉSENT.	PARFAIT.
Que je me nuise.	Que je me sois nui.
Que tu te nuises.	Que tu te sois nui.
Qu'il se nuise.	Qu'il se soit nui.
Que nous nous nuisions.	Que nous nous soyons nui.
Que vous vous nuisiez.	Que vous vous soyez nui.
Qu'ils se nuisent.	Qu'ils se soient nui.

IMPARFAIT.	PLUS-QUE-PARFAIT.
Que je me nuisisse.	Que je me fusse nui.
Que tu te nuisisses.	Que tu te fusses nui.
Qu'il se nuisît.	Qu'il se fût nui.
Que nous nous nuisissions.	Que nous nous fussions nui.
Que vous vous nuisissiez.	Que vous vous fussiez nui.
Qu'ils se nuisissent.	Qu'ils se fussent nui.

INFINITIF.

PRÉSENT.	PASSÉ.
Se nuire.	S'être nui.

PARTICIPE.

PRÉSENT.	PASSÉ.
Se nuisant.	S'étant nui.

Des verbes impersonnels.

§ 49. Certains verbes s'emploient sans avoir jamais un nom pour sujet : *il grêle, il faut, il pleut ;* on les appelle *impersonnels.* Ils n'ont que la troisième personne du singulier, avec le pronom *il* pris dans un sens indéfini.

Ils suivent pour modèle la conjugaison à laquelle leur infinitif les rattache.

TEMPS SIMPLES.	*TEMPS COMPOSÉS.*

INDICATIF.

PRÉSENT.	PARFAIT INDÉFINI.
Il grêle.	Il a grêlé.
IMPARFAIT.	PLUS-QUE-PARFAIT.
Il grêlait.	Il avait grêlé.
PARFAIT DÉFINI.	PARFAIT ANTÉRIEUR.
Il grêla.	Il eut grêlé.
FUTUR SIMPLE.	FUTUR ANTÉRIEUR.
Il grêlera.	Il aura grêlé.

CONDITIONNEL.

PRÉSENT.	PASSÉ.
Il grêlerait.	Il aurait *ou* il eût grêlé.

(Point d'impératif.)

SUBJONCTIF.

PRÉSENT.	PARFAIT.
Qu'il grêle.	Qu'il ait grêlé.
IMPARFAIT.	PLUS-QUE-PARFAIT.
Qu'il grêlât.	Qu'il eût grêlé.

3.

TEMPS SIMPLES.   *TEMPS COMPOSÉS.*

INFINITIF.

PRÉSENT.   PASSÉ.

Grêler.   Avoir grêlé.

PARTICIPE.

PRÉSENT.   PASSÉ.

(*Inusité.*)   (*Ayant*) grêlé.

Remarque. Le *participe passé* ne s'emploie pas seul et ne figure ici que comme type des temps composés.

De la conjugaison interrogative.

§ 50. Quand le verbe doit former une interrogation, les pronoms sujets le suivent au lieu de le précéder.

Il suffit de donner le modèle de la première conjugaison, parce qu'elle embrasse toutes les particularités qui peuvent se rencontrer dans les trois autres.

TEMPS SIMPLES.   *TEMPS COMPOSÉS.*

INDICATIF.

PRÉSENT.   PARFAIT DÉFINI.

Aimé-je?   Ai-je aimé?
Aimes-tu?   As-tu aimé?
Aime-t-il, aime-t-elle?   A-t-il *ou* a-t-elle aimé?
Aimons-nous?   Avons-nous aimé?
Aimez-vous?   Avez-vous aimé?
Aiment-ils, aiment-elles?   Ont-ils *ou* ont-elles aimé?

IMPARFAIT.   PLUS-QUE-PARFAIT.

Aimais-je?   Avais-je aimé?
Aimais-tu?   Avais-tu aimé?
Aimait-il?   Avait-il aimé?
Aimions-nous?   Avions-nous aimé?
Aimiez-vous?   Aviez-vous aimé?
Aimaient-ils?   Avaient-ils aimé?

<table>
<tr><td>TEMPS SIMPLES.</td><td>TEMPS COMPOSÉS.</td></tr>
</table>

PARFAIT DÉFINI.	PARFAIT ANTÉRIEUR.
Aimai-je?	Eus-je aimé?
Aimas-tu?	Eus-tu aimé?
Aima-t-il?	Eut-il aimé?
Aimâmes-nous?	Eûmes-nous aimé?
Aimâtes-vous?	Eûtes-vous aimé?
Aimèrent-ils?	Eurent-ils aimé?

FUTUR SIMPLE.	FUTUR ANTÉRIEUR.
Aimerai-je?	Aurai-je aimé?
Aimeras-tu?	Auras-tu aimé?
Aimera-t-il?	Aura-t-il aimé?
Aimerons-nous?	Aurons-nous aimé?
Aimerez-vous?	Aurez-vous aimé?
Aimeront-ils?	Auront-ils aimé?

CONDITIONNEL.

PRÉSENT.	PASSÉ.
Aimerais-je?	Aurais-je aimé?
Aimerais-tu?	Aurais-tu aimé?
Aimerait-il?	Aurait-il aimé?
Aimerions-nous?	Aurions-nous aimé?
Aimeriez-vous?	Auriez-vous aimé?
Aimeraient-ils?	Auraient-ils aimé?

La conjugaison interrogative ne s'étend pas au delà de ces deux modes.

Remarques. 1° On marque l'interrogation en français par la transposition du pronom sujet après le verbe auquel on le joint par un trait d'union : *reçois-je? vient-il? partez-vous?*

Dans les temps composés, le pronom se place après l'auxiliaire : *sont-ils arrivés? aurons-nous fini?*

Avec les verbes pronominaux, le pronom sujet se place de même; mais le régime reste en avant : *s'abstient-il? vous repentez-vous? se sont-elles souvenues?*

2° Si la première personne est terminée par un *e* muet,

on le change en *é* fermé devant *je* : *veillé-je? eussé-je fini? me trompé-je?*

3° Quand la troisième personne du verbe est terminée par une voyelle, on intercale la lettre euphonique *t* devant la voyelle du pronom qui suit : *neige-t-il? se sera-t-elle souvenue?* Il en est de même avec *on* : *a-t-on chanté? parle-t-on?*

━━◆━━

Liste des verbes irréguliers et défectifs.

§ 51. On appelle *verbes irréguliers* ceux qui, dans chaque conjugaison, ne suivent pas exactement la règle générale; et *verbes défectifs*, ceux qui manquent de certains temps et de certaines personnes.

Première conjugaison.

Aller. — Je vais, tu vas, il va, nous allons, vous allez, ils vont. — J'allais. — J'allai. — J'irai. — Va, allons, allez. — Que j'aille. — Que j'allasse. — Allant. — Étant allé.

Envoyer. Ce verbe est régulier, excepté au futur : j'enverrai, et au conditionnel : j'enverrais.

Il en est de même pour *renvoyer :* je renverrai, je renverrais.

Deuxième conjugaison.

Acquérir. — J'acquiers, nous acquérons, vous acquérez, ils acquièrent. — J'acquérais. — J'acquis. — J'acquerrai. — Que j'acquière, que nous acquérions, que vous acquériez, qu'ils acquièrent. — Acquérant. — Ayant acquis.

On conjugue de même *requérir* et *s'enquérir*. Quant à *conquérir*, il n'est guère usité qu'à l'infinitif, au parfait défini, *je conquis*, et aux temps composés.

Assaillir. — J'assaille, nous assaillons. — J'assaillis. — J'assaillirai. — Assaillant. — Ayant assailli.

Bouillir. — Je bous, nous bouillons. — Je bouillis. — Je bouillirai. — Bouillant. — Ayant bouilli.

Courir. — Je cours, nous courons. — Je courus. — Je courrai. — Que je coure. — Courant. — Ayant couru.

Couvrir. — Je couvre, nous couvrons. — Je couvris. — Je couvrirai. — Couvrant. — Ayant couvert.

Cueillir. — Je cueille. — Je cueillis. — Je cueillerai. — Cueillant. — Ayant cueilli.

Dormir. — Je dors, nous dormons. — Je dormis. — Je dormirai. — Dormant. — Ayant dormi.

Faillir. — Je faux, tu faux, il faut, nous faillons, vous faillez, ils faillent. — Je faillais. — Je faillis. — Je faudrai. — Faillant. — Ayant failli.

Fuir. — Je fuis, nous fuyons, ils fuient. — Je fuyais, nous fuyions. — Je fuis, nous fuîmes. — Je fuirai. — Fuis. — Que je fuie, que nous fuyions, que vous fuyiez, qu'ils fuient. — Que je fuisse. — Fuyant. — Ayant fui.

On conjugue sur ce modèle *s'enfuir*, mais avec l'auxiliaire *être* : s'étant enfui ou enfuie.

Gésir (inusité), être couché. — On dit encore à l'indicatif présent : il gît, nous gisons, vous gisez, ils gisent ; imparfait : je gisais, etc.; participe présent : gisant. On écrit aussi avec s doublé : gissant, nous gissons, je gissais, etc.

Haïr. — Ce verbe prend partout le tréma, excepté au singulier de l'indicatif présent et de l'impératif : Je hais, nous haïssons. — Je haïs, nous haïmes. — Hais, haïssons. — Haïssant. — Ayant haï.

Mentir. — Je mens. — Je mentis. — Mentant. — Ayant menti.

Mourir. — Je meurs, nous mourons, ils meurent. — Je mourus. — Je mourrai. — Que je meure, que nous mourions, qu'ils meurent. — Mourant. — Étant mort.

Offrir. — J'offre, nous offrons, ils offrent. — J'offris. — J'offrirai. — Offrant. — Ayant offert.

Ouïr. — Ayant ouï. Il n'est plus en usage qu'à l'infinitif et aux temps composés.

Ouvrir. — J'ouvre. — J'ouvris. — Ouvrant. — Ayant ouvert.

Partir. — Je pars. — Je partis. — Je partirai. — Que je parte. — Partant. — Étant parti.

On conjugue de même *départir* (participe passé : ayant départi) et *repartir*, partir de nouveau ou répliquer. Mais *répartir*, faire une répartition, se conjugue sur *finir*.

Sentir. — Je sens. — Je sentis. — Sentant. — Ayant senti.

Servir. — Je sers. nous servons, vous servez, ils servent.
— Je servis. — Je servirai. — Servant. — Ayant servi.
On conjugue de même *desservir*. Mais *asservir, asservissant*, suit le modèle *finir*.

Sortir. — Je sors. — Je sortis. — Sortant. — Étant sorti.
On conjugue de même *ressortir*, sortir de nouveau. Mais *ressortir*, être du ressort, se conjugue comme *finir* : je ressortis, nous ressortissons, ressortissant.

Souffrir. — Je souffre, nous souffrons. — Je souffris.
— Je souffrirai. — Que je souffre. — Souffrant. — Ayant souffert.

Tenir. — Je tiens, nous tenons, vous tenez, ils tiennent.
— Je tenais. — Je tins, tu tins, il tint, nous tînmes, vous tîntes, ils tinrent. — Je tiendrai. — Que je tienne, que nous tenions. — Tenant. — Ayant tenu.

Tressaillir se conjugue comme *assaillir*. On trouve cependant quelquefois au futur : je tressaillerai.

Venir. — Je viens. — Je vins. — Venant. — Étant venu.
— Il se conjugue comme *tenir*, sauf l'auxiliaire.

Vêtir. — Je vêts, nous vêtons. — Je vêtis, nous vêtîmes.
— Je vêtirai. — Vêtant. — Ayant vêtu.

Troisième conjugaison.

Asseoir et s'asseoir. — Ce verbe a deux formes également admises. La première est la plus usitée.
1° J'assieds, nous asseyons, ils asseyent. — J'assis. — J'assiérai ou j'asseyerai. — Que j'asseye, que nous asseyions.— Que j'assisse. — Asseyant. — Ayant assis.
2° J'assois, nous assoyons, ils assoient. — J'assis. — J'assoirai. — Que j'assoie, que nous assoyions. — Que j'assisse.
— Assoyant. — Ayant assis.
Sur cette seconde forme on conjugue *surseoir* : je sursois, je sursis, sursoyant, ayant sursis. Seulement au futur et au conditionnel on garde l'*e* muet comme à l'infinitif : je surseoirai, je surseoirais. Le présent du subjonctif n'est point en usage.

Déchoir. — Je déchois, nous déchoyons, ils déchoient. —
Je déchus. — Je décherrai. — Ayant ou étant déchu.

L'imparfait de l'indicatif, l'impératif et le participe présent semblent inusités.

Échoir. — Au présent de l'indicatif, il n'est guère usité qu'à la troisième personne du singulier : il échoit, qu'on prononce et qu'on écrit même quelquefois : il échet. — J'échus. — J'écherrai. — Échéant. — Étant échu.

Falloir (verbe impersonnel). — Il faut. — Il fallait. — Il fallut. — Il faudra. — Il faudrait. — Qu'il faille. — Qu'il fallût. — (Ayant) fallu.

Mouvoir. — Je meus, nous mouvons, ils meuvent. — Je mus. — Je mouvrai. — Que je meuve, que nous mouvions, que vous mouviez, qu'ils meuvent. — Mouvant. — Ayant mû.

Pleuvoir (impersonnel). — Il pleut. — Il plut. — Il pleuvra. — (Ayant) plu. — *Pleuvant* se dit au sens neutre.

Pouvoir. — Je puis ou je peux, tu peux, il peut, nous pouvons, vous pouvez, ils peuvent. — Je pus, nous pûmes. — Je pourrai. — (Point d'impératif.) — Que je puisse. — Que je pusse. — Pouvant. — Ayant pu.

Savoir. — Je sais, nous savons, ils savent. — Je savais. — Je sus, nous sûmes. — Je saurai. — Sache, sachons, sachez. — Que je sache. — Sachant. — Ayant su.

Valoir. — Je vaux, nous valons. — Je valus. — Je vaudrai. — Que je vaille, que nous valions, que vous valiez, qu'ils vaillent. — Valant. — Ayant valu.

On conjugue de même *équivaloir* et *revaloir*.

Prévaloir suit la même conjugaison, excepté au présent du subjonctif : que je prévale, que tu prévales, qu'il prévale, que nous prévalions, que vous prévaliez, qu'ils prévalent.

Voir. — Je vois, nous voyons, ils voient. — Je vis. — Je verrai. — Que je voie, que nous voyions. — Voyant. — Ayant vu.

On conjugue de même *entrevoir* : j'entrevis, j'entreverrai; *revoir* : je revis, je reverrai; *prévoir* : je prévis; mais au futur il fait : je prévoirai, et au conditionnel : je prévoirais.

Pourvoir fait au parfait défini : je pourvus, et à l'imparfait du subjonctif : que je pourvusse. Le futur et le conditionnel sont : je pourvoirai, je pourvoirais.

Vouloir. — Je veux, nous voulons, ils veulent. — Je voulus. — Je voudrai. — Que je veuille, que tu veuilles, qu'il veuille, que nous voulions, que vous vouliez, qu'ils veuillent. — Voulant. — Ayant voulu.

On dit, quoique rarement, à l'impératif : veux, voulons, voulez. *Veuillez* est une forme de civilité employée à la seconde personne.

Quatrième conjugaison.

ABSOUDRE. — J'absous, nous absolvons. — J'absolvais. — (Point de parfait défini ni d'imparfait du subjonctif.) — J'absoudrai. — Absolvant. — Ayant absous. — (*Participe passif*) Absous, absoute.

On conjugue de même *dissoudre* et *résoudre*. Ce dernier a, de plus, le parfait défini : je résolus, et l'imparfait du subjonctif : que je résolusse. Il fait au participe passé : ayant résolu.

ATTEINDRE. — J'atteins, nous atteignons. — J'atteignis. — J'atteindrai. — Atteignant. — Ayant atteint.

On conjugue de même *éteindre, feindre, peindre, restreindre.*

BATTRE. — Je bats. — Je battis. — Battant. — Ayant battu.

On conjugue de même les composés : *abattre, combattre, débattre, rabattre.*

BOIRE. — Je bois, nous buvons, ils boivent. — Je buvais. — Je bus. — Que je boive, que nous buvions, que vous buviez, qu'ils boivent. — Buvant. — Ayant bu.

CLORE n'est usité qu'au singulier de l'indicatif présent : je clos, tu clos, il clôt; au futur : je clorai, etc., et au conditionnel : je clorais, etc. Il a le participe passé : ayant clos, et de là tous les temps composés, ainsi que le participe passif : clos, close.

Éclore, outre l'infinitif, n'est guère usité qu'aux troisièmes personnes de quelques temps : il éclôt, ils éclosent; il éclôra; il éclôrait; qu'il éclose; étant éclos, éclose.

CONCLURE. — Je conclus, nous concluons. — Je conclus, nous conclûmes. — Concluant. — Ayant conclu.

On conjugue de même *exclure* : excluant, ayant exclu. Au participe passif : exclu, exclue; on disait autrefois : exclus, excluse.

CONFIRE. — Je confis, nous confisons. — Je confisais. — Je confis, nous confîmes. — Je confirai. — Confisant. — Ayant confit.

CONNAÎTRE. — Je connais, nous connaissons. — Je connus. — Je connaîtrai. — Connaissant. — Ayant connu.

Partout où l'*i* du radical est suivi d'un *t*, on le marque d'un accent circonflexe : il connaît; il connaîtra; je connaîtrais. — Il en est de même pour *naître, paître, paraître, etc.*

COUDRE. — Je couds, tu couds, il coud, nous cousons, vous cousez, ils cousent. — Je cousais. — Je cousis. — Je coudrai. — Que je couse. — Cousant. — Ayant cousu.

CRAINDRE. — Je crains, nous craignons. — Je craignis. — Craignant. — Ayant craint.

CROIRE. — Je crois, nous croyons, ils croient. — Je crus, nous crûmes. — Que je croie, que nous croyions. — Croyant. — Ayant cru.

Accroire n'est usité qu'à l'infinitif après *faire.*

CROÎTRE prend un accent circonflexe, non-seulement sur l'*i* devant le *t* (comme *connaître*), mais encore dans tous les cas où il pourrait se confondre avec *croire.*

Je croîs, tu croîs, il croît, nous croissons. — Je crûs. — Je croîtrai. — Croissant. — Ayant crû.

Les composés *accroître, décroître,* ne prennent l'accent circonflexe que sur l'*i* devant le *t.*

DIRE. — Je dis, nous disons, vous dites, ils disent. — Je dis, nous dîmes. — Dis, disons, dites. — Disant. — Ayant dit.

Redire se conjugue absolument de même.

Les autres composés rentrent dans la règle commune : vous contredisez, vous dédisez, vous interdisez, vous médisez, vous prédisez. — Voyez plus loin *maudire.*

ÉCRIRE. — J'écris, nous écrivons. — J'écrivis. — J'écrirai. — Écrivant. — Ayant écrit.

FAIRE. — Je fais, tu fais, il fait, nous faisons, vous faites, ils font. — Je fis. nous fîmes. — Je ferai. — Fais, faisons, faites. — Que je fasse. — Que je fisse. — Faisant. — Ayant fait.

On conjugue de même : *contrefaire, défaire, refaire, satisfaire, surfaire.*

Forfaire et *parfaire* ne semblent usités qu'à l'infinitif et aux temps composés.

JOINDRE. — Je joins. — Je joignis. — Joignant. — Ayant joint.

LIRE. — Je lis. — Je lus. — Lisant. — Ayant lu.

LUIRE et **RELUIRE** n'ont point de parfait défini, ni par conséquent d'imparfait du subjonctif. — Je luis. — Luisant. — Ayant lui.

Maudire vient de *dire;* mais il prend deux *ss* au participe présent et dans tous les temps qui y correspondent. — Je maudis, nous maudissons, vous maudissez, ils maudissent. — Je maudissais. — Maudis, maudissons, maudissez. — Que je maudisse, qu'il maudisse, que nous maudissions. — Que je maudisse, qu'il maudît. — Maudissant. — Ayant maudit.

Mettre. — Je mets. — Je mis. — Mettant. — Ayant mis.

Moudre. — Je mouds, nous moulons, vous moulez, ils moulent. — Je moulus. — Je moudrai. — Moulant. — Ayant moulu.

Naître. — Je nais. — Je naquis. — Naissant. — Étant né.

Nuire. — Je nuis. — Je nuisis. — Nuisant. — Ayant nui.

Paître. — Je pais. — Je paissais. — Je paîtrai. — Paissant. Il n'a point de parfait défini et le participe passé n'est pas usité ; ainsi les temps composés n'existent pas.

Repaître a un parfait défini : je repus, et un participe passé : ayant repu. Il se conjugue donc complétement.

Paraître. — Je parais. — Je parus. — Paraissant. — Ayant paru.

Plaire. — Je plais. — Je plus. — Plaisant. — Ayant plu.

Poindre (commencer à paraître) n'est usité qu'à l'infinitif et au futur : dès que le jour poindra.

Prendre. — Je prends, nous prenons, vous prenez, ils prennent. — Je pris. — Que je prenne, que nous prenions, que vous preniez, qu'ils prennent. — Prenant. — Ayant pris. On conjugue de même *apprendre, comprendre, surprendre.*

Rire. — Je ris, nous rions, vous riez, ils rient. — Je riais, nous riions, vous riiez, ils riaient. — Je ris, nous rîmes. — Je rirai. — Que je rie, que nous riions. — Que je risse. — Riant. — Ayant ri.

Rompre. — Je romps, il rompt. — Je rompis. — Rompant. — Ayant rompu.

Suffire. — Je suffis, nous suffisons. — Suffisant. — Ayant suffi. — Le parfait défini : je suffis, nous suffîmes, paraît inusité.

Suivre. — Je suis, tu suis, il suit, nous suivons, vous suivez, ils suivent. — Je suivis. — Suivant. — Ayant suivi.

Taire. — Je tais. — Je tus. — Taisant. — Ayant tu.

Traire. — Je trais, nous trayons, vous trayez, ils traient. — Je trayais, nous trayions. — (Point de parfait défini ni d'imparfait du subjonctif.) — Trayant. — Ayant trait.

Vaincre. — Je vaincs, tu vaincs, il vainc, nous vainquons, vous vainquez, ils vainquent. — Je vainquais. — Je vainquis, nous vainquîmes. — Je vaincrai. — Je vaincrais. — Vaincs, vainquons. — Que je vainque. — Que je vainquisse. — Vainquant. — Ayant vaincu.

Le présent de l'indicatif et l'imparfait sont peu usités.

Vivre. — Je vis. — Je vécus, nous vécûmes. — Je vivrai. — Vivant. — Ayant vécu.

CHAPITRE VI.

DU PARTICIPE.

§ 52. Le *participe* est ainsi nommé parce qu'il tient à la fois de la nature du verbe et de celle de l'adjectif. Il emprunte au verbe sa valeur, son régime, et la faculté de marquer le temps : *aimant Dieu; ayant été privé de ses parents.* Comme l'adjectif, il peut qualifier les personnes ou les choses : *homme estimé, marchandises prohibées.*

Le *participe présent* a dans tous les verbes une terminaison uniforme : *aimant, écoutant, courant.*

Le *participe passé* présente des terminaisons variées : *donné, fini, rendu, couvert, absous, conquis.*

Le participe passé, pour former les temps composés, s'unit avec les auxiliaires *avoir* et *être.*

Dans un très-grand nombre de verbes il se joint avec l'auxiliaire *avoir* : alors il reste invariable : *Elle a écrit une lettre.*

Lorsqu'il est joint à l'auxiliaire *être*, le participe passé s'accorde avec le sujet en genre et en nombre : *Elles sont arrivées.*

Dans ce cas, il indique un temps passé, et c'est ce qui le distingue du *participe passif,* qui prend aussi l'accord. En effet, *je suis venu* marque un parfait indéfini, tandis que *je suis estimé* exprime seulement un état actuel.

On trouvera dans la syntaxe d'autres explications sur ces règles.

CHAPITRE VII.

DE L'ADVERBE.

§ 53. L'*adverbe* est un mot invariable qui sert à déterminer la signification du verbe : *Il parle bien. Il marche lentement.* Les mots *bien, lentement,* qualifient l'acte de parler, de marcher. Ce sont des adverbes.

L'adverbe peut se joindre également à l'adjectif et même à un autre adverbe : *très-bon, vraiment heureux, presque toujours.*

Remarque. On nomme *locution adverbiale* tout assemblage de mots qui présente une signification équivalente à l'adverbe : *sans cesse, à dessein, à la hâte, sur-le-champ, tout à fait, depuis peu.*

§ 54. On divise les adverbes en plusieurs classes, selon qu'ils marquent :

1o Le lieu : *Où, ici, là, y; — dedans, dessus, dehors, devant, derrière; — partout, ailleurs, alentour, en haut.*

2o Le temps : *Hier, aujourd'hui, demain; — bientôt, jamais, toujours, souvent; — désormais, quelquefois.*

3o La manière : *Vivement, sagement, hardiment; — bien, mal, autrement, ainsi, de même.*

4o La quantité : *Beaucoup, peu, trop, assez; — plus, moins, autant, davantage; — tellement, si, tant, très, encore.*

5o L'ordre : *Premièrement, secondement; — d'abord, auparavant, après, ensuite.*

6o L'affirmation, la négation et le doute : *Oui, certes, si, d'accord, assurément, volontiers; — non, ne, point, aucunement, nullement; — peut-être, apparemment, probablement.*

Remarque. Les adverbes de manière sont en général tirés des adjectifs. Il suffit, pour les former, d'ajouter *ment* au masculin s'il est terminé par une voyelle : *aisé-ment, absolu-ment, habile-ment, joli-ment;* mais s'il est terminé par une consonne, c'est du féminin qu'on forme l'adverbe : *doucement, franchement, longuement.*

Il faut excepter les adjectifs terminés par *ant* et par *ent,* dont l'adverbe se forme en retranchant du féminin la syllabe *te,* et en changeant *n* en *m* par assimilation devant la désinence adverbiale : *prudem-ment, vaillam-ment, constam-ment, diligem-ment,* au lieu de *prudente-ment,* etc.

CHAPITRE VIII.

DE LA PRÉPOSITION.

§ 55. La *préposition* est un mot invariable qui se place devant les noms, les pronoms ou les infinitifs, pour les unir à un mot précédent dont ils complètent le sens : *Content de soi. Enclin à médire. Passer de la tristesse à la joie.*

Les mots *de* et *à* sont des prépositions qui établissent un rapport entre le terme qui les suit et un autre terme mis en avant.

On distingue des prépositions *simples,* des prépositions *composées* et des *locutions prépositives.*

Les *prépositions simples* sont : *à, après, avant, avec, chez, contre, dans, de, depuis, derrière, dès, devant, en, entre, envers, outre, par, parmi, pendant, pour, sans, selon, sous, sur, vers.*

Il faut y joindre certains mots qui, appartenant par leur origine à quelque autre partie du discours, font aussi l'office de prépositions, comme : *attendu, concernant, durant, excepté, moyennant, nonobstant, sauf, touchant, vu.*

Les *prépositions composées* se forment avec *de* et *par,* placés devant une autre préposition simple pour marquer un double rapport : *d'après, d'auprès, d'avec,*

*de chez, de devant, d'entre, par chez, par deçà, par-
devant.*

Les *locutions prépositives* sont des façons de parler,
toujours suivies d'une préposition, et servant à marquer
la liaison entre deux termes : *à cause de, à côté de, afin
de, à la faveur de, autour de, de façon à, de manière à,
faute de, grâce à, jusque dans, jusque sur, par rapport
à, proche de, vis-à-vis de.*

CHAPITRE IX.

DE LA CONJONCTION.

§ 56. La *conjonction* est destinée à lier entre elles les
propositions ou les différentes parties d'une phrase.

Les conjonctions qui établissent une liaison entre les
idées sont : *car, donc, et, mais, ni, or, ou.*

Les autres désignent un rapport de subordination entre
les parties de la phrase : *si, comme, quand, que* et ses
composés *lorsque, puisque, quoique.*

La conjonction *que* se joint à un grand nombre de locutions pour marquer les relations diverses des idées, et
elle forme autant de *locutions conjonctives : afin que, à
moins que, après que, attendu que, parce que, pourvu
que, etc.*

Outre les termes qui ont le caractère exclusif de conjonctions, on emploie aussi dans le même sens différents
adverbes pour indiquer l'enchaînement des pensées ; tels
sont : *ainsi, aussi, bien, cependant, etc.*

CHAPITRE X.

DE L'INTERJECTION.

§ 57. L'*interjection* est une sorte de cri, jeté entre les autres mots de la phrase, pour exprimer les divers mouvements de l'âme.

Ah ! marque plusieurs sentiments divers : joie, douleur, admiration, surprise.
Ahi, aïe ! — souffrance, douleur.
Bah ! — étonnement; doute, négation, insouciance.
Çà, oh çà, or çà ! — pour exciter, encourager.
Chut ! — pour avertir ou ordonner de faire silence.
Eh ! eh bien ! eh quoi ! — admiration, étonnement.
Fi ! ah fi ! fi donc ! — mépris, répugnance, blâme.
Ha ! — surprise, apostrophe.
Hé ! — pour appeler; commisération, regret.
Hein ? — interrogation, étonnement.
Hélas ! — plainte, regret, affliction.
Ho ! — pour appeler; étonnement, indignation.
Holà ! — pour appeler, pour faire cesser.
Oh ! — surprise, colère, désir, affirmation.
Sus ! or sus ! sus donc ! — pour exhorter, exciter.

Outre ces interjections proprement dites, on emploie souvent dans le même sens des mots d'une autre catégorie, comme : *adieu ! alerte ! allons ! courage ! ciel ! grâce ! miséricorde ! silence !*

LIVRE SECOND.

EMPLOI DES MOTS DANS LA PHRASE.

SYNTAXE.

§ 58. La *syntaxe* a pour objet l'emploi des mots et l'arrangement des phrases, selon les règles établies.

La phrase est un assemblage de mots construits ensemble pour former un sens achevé. Elle contient une ou plusieurs propositions [§ 26].

Les mots s'unissent entre eux par la concordance du genre, du nombre ou de la personne.
Ils s'unissent aussi, soit à l'aide des prépositions, soit par un enchaînement particulier, pour se donner les uns aux autres une signification claire et déterminée.

Les propositions s'enchaînent entre elles, au moyen des conjonctions et des pronoms relatifs.
On nomme proposition *principale* celle dont une autre dépend, et cette autre prend le nom de *subordonnée*.
Il faut distinguer, dans une phrase, autant de propositions qu'il y a de verbes à un mode personnel.

CHAPITRE PREMIER.

DU SUBSTANTIF OU NOM.

Emploi du genre.

§ 59. Le genre de chaque substantif est tiré de sa nature ou fixé par l'usage.

Dans les noms d'animaux qui n'ont pas d'appellation distincte pour désigner le sexe, on marque la différence par l'adjectif caractéristique sans changer le genre : *un aigle mâle, un aigle femelle; une perdrix mâle, une perdrix femelle.*

Certains mots changent de genre pour marquer une signification particulière.

Chose est un nom féminin; mais l'expression *quelque chose* (signifiant *une certaine chose*) forme comme un seul mot qui reste toujours masculin : *Voici quelque chose qui n'est pas moins beau.*

Couple, au féminin, signifie simplement deux choses de même espèce : *une couple d'œufs; manger une couple de pigeons.* Mais on dit au masculin, pour désigner deux êtres animés, rapprochés par l'inclination de la nature : *un couple d'amis; un couple de tourterelles.*

Gens, signifiant *hommes,* est masculin par le sens, mais avec cette singularité qu'il veut au féminin les adjectifs dont il est immédiatement précédé et au masculin ceux dont il est suivi : *les gens sensés; de bonnes gens. Les vieilles gens sont soupçonneux.*

Le mot *gens* est toujours masculin s'il est précédé d'un adjectif des deux genres ou suivi de quelque complément déterminatif : *tous les honnêtes gens; les vrais gens de lettres.*

Personne est féminin; mais dans le sens indéfini, quand il signifie *nul homme,* ou bien *quelqu'un,* ce mot est toujours du masculin et du singulier : *Si jamais personne est assez hardi pour l'entreprendre, il réussira.*

Quelquefois on joint à certains substantifs un article ou un adjectif qui ne sont pas en accord pour le genre, mais qu'on rattache alors par la pensée à un autre mot dont le substantif présent réveille le souvenir. Ainsi l'on dit : *la Saint-Jean* (pour la fête de saint Jean), *la Saint-Martin prochaine* (la prochaine fête de saint Martin). *Quand Pâques sera venu* (c'est-à-dire le jour de Pâques).

Emploi du nombre.

§ 60. Tous les noms communs sont susceptibles d'être mis au pluriel.

Cependant on n'emploie qu'au singulier :

1° Les substantifs qui désignent les besoins, les qualités, les passions ou l'état de l'homme : *la faim, la beauté, la jeunesse, l'avarice, la gloire;*

2° Les adjectifs employés comme substantifs abstraits : *le beau, le bon, le vrai, l'utile;*

3° Les noms particuliers des métaux, des aromates : *l'or, l'argent, l'encens, la myrrhe.*

Remarque. On ne met pas le signe du pluriel aux mots qui sont invariables de leur nature, ou qui restent étrangers à notre langue : *les oui, les non, les pourquoi, des alibi, des alleluia.*

§ 61. Les noms composés de deux ou de plusieurs mots distincts suivent les règles propres à chaque partie qui les compose. Ainsi tous les termes tirés des verbes, des adverbes, des prépositions, demeurent invariables : *des ouï-dire, des passe-debout, des réveille-matin.*

Lorsqu'un nom est joint à un adjectif ou à un autre nom qui le qualifie, ils prennent tous également la marque du pluriel : *des basses-cours, des francs-maçons, des chefs-lieux, des oiseaux-mouches.*

Lorsqu'un nom se trouve joint à un verbe ou suivi d'un complément, c'est sur ce nom seul que porte le pluriel : *des tire-bottes, des hausse-cols; des chefs-d'œuvre, des cous-de-pied, des arcs-en-ciel* [1].

Néanmoins il y a beaucoup d'exceptions particulières motivées par le sens. On écrit : *des abat-jour, des brise-raison, des garde-vue,* parce que les substantifs *jour, raison, vue,* n'ont ici de sens qu'au singulier; de même : *des tête-à-tête, des pot-au-feu, des pied-à-terre, etc.*

§ 62. Les noms propres ne reçoivent pas le pluriel tant qu'ils rappellent individuellement des personnes distinctes : *les deux Corneille.*

Le nom propre prend la marque du pluriel lorsqu'il devient la dénomination commune de toute une famille : *les Stuarts, les Condés;* ou bien quand il est mis au figuré pour personnifier les qualités d'un homme qu'on désigne : ***Il trouve des adulateurs et non pas des Ambroises*** (des hommes fermes et véridiques comme saint Ambroise).

§ 63. Les substantifs employés comme compléments se mettent au singulier quand ils conservent un sens général et indéterminé; mais on les met au pluriel quand ils désignent une réunion d'individus ou des objets distincts : *marchand de soie; marchand de gravures; — costume de femme; réunion d'artistes; — vivre de pain; se couvrir de fleurs.*

1. On prononce *arkenciel*, même au pluriel.

CHAPITRE II.

DE L'ARTICLE.

Emploi de l'article.

§ 64. L'article se met toujours au même genre et au même nombre que le nom qu'il détermine : *le jour, la nuit, les cieux.*

Quelquefois l'article au pluriel est mis par emphase devant un nom propre désignant une seule personne : *les Moïse, les Josué, les David,* c'est-à-dire les hommes comme Moïse.

L'article doit être répété devant chacun des substantifs dont on veut déterminer le sens : *Il en avait les traits, les regards et la démarche.*

Si plusieurs adjectifs, liés par *et*, précèdent le nom qu'ils qualifient, on emploie l'article une seule fois, quand on ne désigne qu'un seul objet : *La magnanime et intrépide régente. La riche et fière maison de Bourgogne.*

Mais il faut répéter l'article devant chaque adjectif quand ils désignent des choses différentes : *Il a éprouvé la bonne et la mauvaise fortune. Les parents du second et du troisième degré.*

§ 65. *Le plus, le moins, le mieux,* forment des adverbes au superlatif, dans lesquels l'article reste invariable : *La fleur que j'aime le mieux. Ceux qu'elle a le moins consultés.*

Lorsque ces superlatifs se trouvent placés devant un participe ou toute autre expression qualificative, l'article prend l'accord, si l'esprit envisage un rapport de comparaison entre l'objet dont on parle et les autres objets semblables : *La distinction la moins exposée à l'envie; L'opinion la plus accréditée.*

§ 66. La particule *de*, prise absolument, se met devant un nom déterminé avec une acception toute particulière : *Il donna de l'argent pour avoir de la viande et du pain* (c'est-à-dire, il donna une certaine quantité de ce qu'on nomme l'*argent* pour avoir une part de la chose nommée la *viande*, le *pain*). C'est ce qu'on appelle *le sens partitif*.

Dans ce cas, si le substantif est précédé d'un adjectif, l'usage veut qu'on supprime l'article : *voilà de bonne eau ; ce sont de bonnes gens.*

Toutefois l'exception cesse, et l'article reparaît, quand l'adjectif fait en quelque sorte partie du nom pour lui donner une acception spéciale : *dire des bons mots; ce sont des jeunes gens.*

CHAPITRE III.

DE L'ADJECTIF.

Accord de l'adjectif avec un ou plusieurs noms.

§ 67. L'adjectif, quelle que soit sa place, prend le genre et le nombre du substantif ou du pronom auquel il se rapporte : *Tels et plus pernicieux encore sont les effets naturels de cette nouvelle doctrine.* Les adjectifs *tels, pernicieux, naturels,* sont en rapport avec le pluriel masculin du mot *effets,* comme *nouvelle* avec le singulier féminin *doctrine.*

L'adjectif qui se rapporte en même temps à deux substantifs singuliers se met au pluriel, parce qu'il représente deux qualifications : *La clémence et la majesté peintes sur son front. Une piété et une magnificence extraordinaires.*

Si les substantifs sont de genre différent, l'adjectif doit prendre le masculin : *Son père et sa mère sont heureux. Il croit sa vie et son bonheur attachés au succès.*

Exceptions : 1° *Demi,* devant un nom qu'il modifie,

ne prend jamais l'accord : *les demi-dieux, une demi-livre, toutes les demi-heures.*

2° *Feu* (défunt) n'a point de pluriel, mais il prend le féminin : *la feue reine.* Devant l'article ou l'adjectif possessif, il devient invariable : *feu mon père, feu la reine, feu votre sœur.*

3° *Nu* forme un terme invariable devant les noms *tête, jambe, pied : Ils étaient nu-tête, nu-jambes; elle allait nu-pieds.* Autrement l'adjectif prend l'accord : *la nue propriété; avoir les pieds nus, les jambes nues.*

4° *Possible,* après un superlatif, est quelquefois invariable : *le moins d'erreurs possible, le moins de fautes possible.* C'est une abréviation pour : *le moins de fautes qu'il est possible de faire.*

Remarque. L'adjectif se joint particulièrement à quelques verbes pour en déterminer la signification. Il fait ainsi la fonction d'adverbe et demeure invariable : *chanter juste; marcher droit; cette fleur sent bon; les balles pleuvaient dru et menu.*

Complément des adjectifs.

§ 68. Lorsque la signification de l'adjectif doit être déterminée par un complément, c'est presque toujours les prépositions *à* ou *de* qu'on emploie : *accessible à la flatterie; contraire à la loi; content de son sort; digne de louange.*

Après un adjectif, les prépositions *à* et *de,* suivies d'un infinitif, forment des sens différents.

Tantôt l'infinitif figure comme un substantif ordinaire : *enclin à médire* (à la médisance); *assuré de vaincre* (de la victoire); *sujet à changer* (au changement).

Tantôt il prend une signification passive : *livre agréable à lire* (à être lu); *chose étonnante à voir* (à être vue); *homme facile à séduire* (à être séduit).

Pour qu'un même complément puisse dépendre de plusieurs adjectifs, il est indispensable qu'ils soient tous suivis de la même préposition : *Un avare idolâtre et fou de son argent*. Mais si les adjectifs demandent des prépositions différentes, il faut donner à chacun son complément séparé : *accessible aux pauvres et charitable envers eux*.

Adjectifs numéraux.

§ 69. Au lieu du nombre ordinal, on fait souvent usage du nombre cardinal par abréviation :

1° Pour indiquer l'ordre et le rang : *page deux; livre cinq; Charles sept; Henri quatre*. La locution est abrégée : *deux* pour *deuxième; cinq* pour *cinquième*. C'est pourquoi l'on écrit alors sans la marque du pluriel : *article quatre-vingt, l'an mil huit cent*. Mais, dans ce cas, on ne met pas *un* pour *premier;* il faut dire : *page première; François premier*.

2° Pour désigner l'heure et le quantième : *il est une heure; vers les quatre heures; j'arriverai à sept heures :* on marque ainsi la première, la quatrième, la septième heure; *le trois du mois; le quatre de la lune; le vingt-huit de janvier :* on omet habituellement ainsi le mot *jour;* souvent même la préposition *de* est retranchée : *le cinq mai; le vingt juin; le quinze septembre*.

Adjectifs possessifs.

§ 70. Les adjectifs possessifs, *mon, ton, son, notre, votre, leur,* servent, comme l'article, à marquer les noms déterminés : *mon livre* (le livre de moi); *vos livres* (les livres de vous).

Ils indiquent d'une façon précise un rapport de propriété : *ma tête, vos yeux, sa vie*. Si ce rapport est d'ailleurs suffisamment expliqué, on fait seulement usage de l'article : *J'ai mal à la tête; il y perdra la vie* (et non *ma tête, sa vie*).

Au contraire, il faut mettre l'adjectif possessif lorsque le rapport pourrait être équivoque : *Vous avez perdu votre argent; ils ont sacrifié leur vie*.

Remarque. L'adjectif possessif, *son, sa, ses, leur,* s'emploie surtout lorsque l'idée de possession se rap-

porte à un nom de personne : *Cet enfant me plaît,
j'aime sa docilité.* Mais avec les noms de choses, c'est
ordinairement le pronom *en* qu'on doit mettre : *Cette
maison me plaît; j'en aime la simplicité.* Toutefois,
avec les noms de choses, lorsque le mot *en* ne peut entrer dans la construction de la phrase, on fait usage de
l'adjectif possessif.

Adjectifs indéfinis.

§ 71. *Aucun, nul,* se mettent le plus ordinairement
au singulier.

Cependant le pluriel est admis : *aucunes dispositions,
aucuns préparatifs; nuls frais, nulles troupes.*

§ 72. *Autre* est un mot qui marque une différence,
une distinction entre les personnes ou les choses : *dans
cette vie et dans l'autre.*

L'un et l'autre sert à désigner deux objets de même
espèce : *l'un et l'autre parti; ils sont venus l'un et
l'autre.*

L'un l'autre indique un rapport de réciprocité : *ils
s'encouragent l'un l'autre* (mutuellement, réciproquement).

§ 73. *Chaque* est un mot distributif qui ne s'emploie
jamais seul[1], et qui n'a point de pluriel : *chaque maison; chaque jour.*

§ 74. *Même* est adjectif quand il est placé après un
article, un nom ou un pronom auxquels il se rattache :
les mêmes soins; la voûte même; eux-mêmes.

Ce mot devient adverbe quand il modifie un verbe
ou un adjectif, et lorsqu'il vient après deux noms pour
marquer la liaison : *les plus sages même; ils dénonçaient
les larmes, les soupirs même.*

§ 75. *Quelque,* suivi d'un nom, est adjectif : *quelque
danger vous menace; quelques efforts que vous fassiez.*

---

1. On ne peut pas dire : *Ces vases coûtent vingt-cinq francs
chaque.* L'usage exige, en ce cas, que l'on mette *chacun.*

Il est adverbe quand il se joint à un adjectif ou à un autre adverbe : *quelque puissants qu'ils soient; quelque bien qu'ils se conduisent.*

Quel que se sépare en deux mots quand il est suivi immédiatement d'un verbe; l'accord se fait alors entre l'adjectif *quel* et le sujet du verbe : *quelle que soit votre intention.*

§ 76. *Tout*, comme adjectif, se place avant l'article et avant les autres expressions déterminatives : *tout le monde; toutes vos bonnes résolutions; tous ceux que j'ai vus.* Mais il vient après les pronoms personnels : *nous tous; eux tous; prenez-les toutes.*

Il devient adverbe devant un adjectif ou un adverbe qu'il modifie : *ils furent tout étonnés; elles parlaient tout bas.*

Dans ce sens, il reste toujours invariable devant les adjectifs masculins et devant un adjectif féminin commençant par une voyelle : *ils meurent tout entiers; elle fut tout aise, tout heureuse.*

Au contraire, si l'adjectif féminin commence par une consonne ou par un *h* aspiré, *tout* reçoit l'accord du genre et du nombre, quoiqu'il conserve le sens adverbial : *elle est toute malade, toute honteuse* (tout à fait malade, extrêmement honteuse).

CHAPITRE IV.

DU PRONOM.

Pronoms personnels.

§ 77. Les pronoms personnels ont cela de particulier que leur forme varie suivant l'emploi qu'on en fait dans la phrase.

Je, tu, il, ils, figurent toujours exclusivement comme sujets : *tu lis; ils écrivent.*

4.

Elle, nous, vous, elles, sont tour à tour sujets ou compléments : *elle viendra ; sauvez-nous : je travaille pour elles.*

Moi, toi, lui, eux, soi, sont employés comme sujets dans les propositions où le verbe est sous-entendu : *Qui veut aller avec lui? Moi* (je veux bien aller avec lui). *Comme eux vous fûtes pauvre* (comme ils sont pauvres).

Moi, toi, se mettent en régime direct après un impératif : *Défends-toi.*

Me, te, se, le, la, les, nous, vous, se mettent en régimes directs, et se placent généralement avant le verbe : *Ce roi se défendit et les mit en péril.*

Me, moi, te, toi, se, lui, nous, vous, leur, en, y, aussi bien que *à moi, à toi, à lui, à elle, à soi, à nous, à vous, à eux, à elles,* expriment des régimes indirects : *Cela me sera utile* (à moi). *J'en ai parlé* (de cela).

§ 78. Lorsque *moi* se trouve uni à un nom ou à un autre pronom, les convenances de la politesse demandent ordinairement qu'il soit énoncé le dernier : *votre frère et moi ; vous et moi.*

Lorsque *moi, toi,* après un impératif, sont suivis du pronom *en,* ils changent de forme par une élision : *croyez-m'en ; garde-t'en bien.*

Devant le pronom *y* la même élision serait régulière, et l'on peut dire : *mets-t'y ; jette-t'y.* Mais l'oreille est choquée de ces chutes désagréables, et il est mieux de les éviter en prenant un autre tour.

§ 79. *Il, elle,* figurent quelquefois conjointement avec le nom dans les phrases interrogatives : *Rome lui sera-t-elle favorable? Les temps sont-ils arrivés?* Le substantif alors est le véritable sujet du verbe, et le pronom n'est plus qu'un signe particulier de l'interrogation.

§ 80. *Soi* ne doit être employé, quand il s'agit des personnes, qu'en rapport avec un sujet indéterminé : *Chacun travaille pour soi. Heureux qui vit chez soi!*

Si le pronom ne se rapporte point au sujet de la phrase, c'est toujours *lui, elle,* qu'il faut mettre : *Rendez à chacun ce qui lui appartient.*

§ 81. *Le, la, les*, se mettent pour remplacer un substantif déterminé dont ils prennent l'accord : *Je me regarde comme la mère de cet enfant ; je la suis de cœur, je la suis par ma tendresse pour lui* (c'est-à-dire je suis elle, la mère). *Êtes-vous les candidats? Nous les sommes* (nous sommes eux).

Mais on doit employer *le*, signifiant *cela*, quand on veut rappeler seulement l'idée déjà exprimée : *Si j'étais mère, je le serais avec toute la tendresse imaginable* (le mot *mère* est ici pris adjectivement : je serais cela, mère). *Êtes-vous satisfaits? Nous le sommes* (nous sommes cela).

§ 82. *En*, mis pour *de lui, d'elle, d'eux, d'elles*, devient un pronom personnel des deux genres et des deux nombres : *Quant aux vertus, ils n'en ont pas une seule* (une seule d'elles, des vertus).

En se place toujours auprès du verbe, quel que soit le mot dont il dépende.

Quand il s'agit des choses, on doit dire : *j'en doute; j'en prends soin; je m'en sers.* Mais pour les personnes il faut dire : *je doute de lui; je prends soin d'elle; je me sers d'eux.*

Cependant avec le sens partitif, comme avec les adverbes de quantité et les adjectifs de nombre, on se sert du pronom *en* pour désigner les personnes : *A-t-il des protecteurs? Il en a de très-puissants.*

Pronoms démonstratifs.

§ 83. Les pronoms démonstratifs *celui, celle, ceux*, doivent toujours être suivis d'un complément avec *de* ou d'un pronom relatif : *Cette phrase et celles qui la suivent.*

On ne peut pas les joindre à un simple adjectif; c'est alors l'article qu'on emploie : *Les mauvaises herbes y étouffent les bonnes* (et non *celles bonnes*).

Celui-ci, celui-là, servent à marquer l'opposition entre deux personnes ou deux choses qu'on vient de nommer; alors *celui-ci* désigne le terme le plus rapproché, et *ce-*

lui-là le terme le plus éloigné : *L'agriculture et l'indus-
trie sont nécessaires : celle-là nourrit les peuples ; celle-ci
les enrichit.*

Ceci, cela, s'emploient également par opposition. *Ceci*
désigne un objet présent, une chose qu'on va dire : *Ceci
est à moi. Cela* s'applique à l'objet éloigné, à la chose
qu'on vient de dire : *Cela m'a fait de la peine.*

§ 84. Le pronom indéfini *ce*, joint au verbe *être*,
forme une locution particulière dont on se sert pour in-
sister sur le mot ou sur l'idée qu'on exprime : *C'est un
malheur. Ce sera nous seuls.*

Mais si, dans cette locution, le verbe *être* se trouve
placé devant un substantif ou un pronom de la troisième
personne au pluriel, il en reçoit l'accord : *Ce sont les
ennemis. Ce furent elles qui l'aidèrent.*

L'expression démonstrative *c'est*, suivie de la conjonction *que*, s'emploie aussi pour appeler l'attention
sur un régime indirect ou sur quelque autre complément, qu'on place alors en avant du verbe dont ils dépendent : *C'est à vous que je parle. C'est en Dieu qu'il
met sa confiance.* Le sens montre qu'il faut joindre ensemble les expressions, *je parle à vous, il met en Dieu.*
Ce serait donc une faute de dire : *C'est à vous à qui je
parle. C'est en Dieu en qui il met sa confiance.* On don-
nerait ainsi au même verbe deux fois le même complément.

Pronoms relatifs.

§ 85. Les pronoms relatifs prennent le genre, le
nombre et la personne du mot qu'ils représentent : *Des
afflictions qui vont être consolées.* Le pronom *qui*, re-
présentant le mot *afflictions*, marque le féminin, le pluriel, et un sujet de la troisième personne.

§ 86. *Qui*, dans le sens conjonctif, est employé tantôt
comme sujet, tantôt comme complément indirect.

Comme sujet, il se dit des personnes et des choses :
L'eau qui coule.

Comme complément, il est toujours précédé d'une
préposition et ne se dit guère que des personnes ou des

objets qui les désignent : *Le seul homme par qui la vérité allait encore jusqu'au pied du trône.*

Quand il s'agit des choses, c'est *lequel, laquelle,* qu'ordinairement on emploie : *Voilà une condition à laquelle je ne puis consentir.*

Qui, sans antécédent exprimé, signifie *l'homme qui, celui qui.* Il ne s'applique qu'aux personnes et reste toujours au singulier masculin : *Qui observe les commandements de Dieu, sera sauvé.* On voit que, par son antécédent sous-entendu, il sert en même temps de sujet au second verbe.

Qui, dans le sens interrogatif, se met sans relation avec un antécédent; il signifie alors *quel homme* et parfois même *quelle femme : Qui de nous ne se sentit frappé?*

Dans ce sens seulement, il peut se mettre en régime direct : *Qui demandez-vous?*

Placé entre deux verbes, il devient le lien de deux propositions, et signifie, quelle est la personne *qui* ou *que : Oubliez-vous qui vous interrogez?*

Qui est-ce, suivi de *qui* ou de *que,* est une formule d'interrogation qui sert à désigner les personnes : *Qui est-ce qui a fait cela?*

§ 87. *Que,* pronom conjonctif, est des deux genres et des deux nombres.

Après un antécédent exprimé, son emploi le plus ordinaire est d'être régime direct : *L'homme que vous voyez. Les espérances que j'ai conçues.*

Que, pronom interrogatif, se met sans antécédent et signifie *quelle chose.* Alors il est toujours du singulier : *Que voulez-vous dire?*

Ce pronom, suivi d'un infinitif, forme une proposition abrégée; le sens indique les mots à suppléer : *Que faire* (que faut-il faire)? *Que devenir* (que puis-je devenir)?

La formule interrogative *qu'est-ce qui, qu'est-ce que,* s'applique spécialement aux choses : *Qu'est-ce qui brille là-bas? Qu'est-ce que la sagesse?*

§ 88. *Quoi,* signifiant *laquelle chose,* s'emploie ordinairement d'une manière absolue, et toujours comme complément d'une préposition : *Voilà à quoi peut-être vous n'avez pas fait attention* (voilà une chose à laquelle). *Donnez-moi de quoi écrire* (donnez-moi *ce,* au moyen *de quoi* je puisse écrire).

Quoi devient interrogatif dans le sens de *quelle chose :* *Quoi de plus heureux que cet événement?* Alors encore il est presque toujours soumis à une préposition : *De quoi n'est-il pas capable? A quoi lui sert la raison?*

Entre deux verbes, il forme une interrogation indirecte : *Dites-moi en quoi je puis vous servir.*

§ 89. *Dont,* pronom conjonctif des deux genres et des deux nombres, se joint toujours à un antécédent : *Les maux dont la vie humaine n'est jamais exempte.*

Dont et *d'où* se mettent comme pronoms conjonctifs avec les verbes *descendre, naître, dépendre, sortir.* Mais *dont* se dit plutôt des personnes : *Le maître dont il dépend ;* et *d'où* s'applique aux choses : *C'est un procès d'où dépend sa fortune.*

Pronoms indéfinis.

§ 90. *Quiconque* (tout homme qui) peut servir de sujet aux deux propositions qu'il réunit : *Quiconque fait le bien, mérite l'estime publique.*

S'il est précédé d'un verbe actif ou d'une préposition, il reste toujours sujet du verbe qui suit : *J'ai promis de le protéger contre quiconque l'attaquerait* (contre tout homme qui l'attaquerait).

§ 91. *Chacun* ne se met jamais qu'au singulier ; il peut néanmoins se rattacher au sujet pluriel d'un verbe : *Ces vases coûtent douze francs chacun.* Dans ce cas, si l'on doit faire usage de l'adjectif possessif, on mettra *leur, leurs,* lorsque *chacun* précède le régime direct : *Ils ont apporté chacun leur offrande.* Autrement on peut mettre *son, sa, ses,* lorsqu'on veut unir par le sens au mot *chacun* quelque complément particulier : *Ils apportèrent des offrandes au temple, chacun selon ses moyens.*

§ 92. *On,* quoique substantif par son origine, semble destiné à remplir les fonctions d'un pronom. Il est toujours sujet d'un verbe et peut se placer après, comme *je*, *il*, pour marquer l'interrogation; enfin, quoique masculin de sa nature, il devient féminin quand il désigne une femme: *On n'est pas toujours jeune et belle.*

CHAPITRE V.

DU VERBE.

Sujet du verbe; sa place.

§ 93. Tout verbe à un mode personnel doit avoir un sujet exprimé ou sous-entendu.

Pour reconnaître le sujet, il faut mettre devant le verbe l'interrogation *qui est-ce qui*, s'il s'agit d'une personne, ou bien *qu'est-ce qui*, s'il s'agit d'une chose. Le mot indiqué pour réponse sera le sujet. Exemple: *Le feu éclaire et brûle.* Qu'est-ce qui éclaire? *Le feu.* Qu'est-ce qui brûle? *Le feu.* Voilà le sujet; il est exprimé devant le premier verbe, et sous-entendu devant le second.

§ 94. Le sujet se place ordinairement avant le verbe. Cependant on le met après le verbe:

1° Dans les interrogations: *Viendrez-vous? Comment est mort cet homme puissant?*

2° Pour indiquer qu'on rapporte les paroles de quelqu'un: *Vanité des vanités! s'écrie Salomon.*

3° Après *tel, ainsi, peut-être* et quelques tournures analogues: *Telle fut sa mort. Ainsi va le monde.*

Accord du verbe avec un ou plusieurs sujets.

§ 95. Le verbe se met au même nombre et à la même personne que son sujet: *Les passions font tous nos malheurs.* Le verbe *font* est au pluriel et à la troisième personne, parce que le sujet, *les passions*, est du pluriel et de la troisième personne.

Après deux sujets du singulier, le verbe se met au pluriel : *La sagesse et la vérité nous viennent du ciel.*

Si les sujets marquent une personne différente, c'est la première qui commande l'accord, et à son défaut la seconde : *Son père, sa mère et moi le lui avons défendu.* On met le pluriel *avons*, parce que le verbe a trois sujets du singulier et que l'un est de la première personne.

En général, quand les sujets sont de personnes différentes, on les résume en un pronom pluriel qui explique l'accord du verbe : *J'ai appris que toi et ton frère vous partirez bientôt.*

Remarques. 1º Après plusieurs sujets, les mots *tout, rien, personne,* mis pour conclure une énumération, veulent le verbe au singulier : *Dignités, bénéfices, pensions, honneurs, tout leur convient.*

2º Quand plusieurs noms sont liés par *ou*, si l'un des sujets semble exclure l'autre, c'est au plus rapproché que le verbe se rattache : *La peur ou la misère lui a fait commettre cette faute.* L'une des deux causes a pu seule agir. Autrement, le verbe se met au pluriel : *La peur ou la misère lui ont fait commettre bien des fautes.* Ces deux causes ont produit un semblable résultat.

3º Avec *ni*, plus ordinairement les sujets influent ensemble sur le verbe : *Ni l'or ni la grandeur ne nous rendent heureux.* Cependant, si le sens veut que l'on considère chaque sujet séparément, le verbe s'accorde avec le sujet le plus proche : *Ni l'un ni l'autre n'a fait son devoir.*

4º Les noms collectifs servent de sujet au verbe quand ils désignent la généralité, ou une portion déterminée des objets : *La multitude des ennemis ne l'effraye pas. Cette foule d'adulateurs se dissipe comme un nuage.*

Mais lorsqu'ils sont employés pour marquer seulement une portion indéterminée, ils n'ont plus d'effet sur le verbe, qui s'accorde, dans ce cas, avec le substantif mis en complément : *Une infinité de gens ont cru cette nouvelle. La plupart du monde s'est étonné.*

5º Il en est de même avec les adverbes de quantité ; c'est presque toujours de leur complément que le verbe reçoit l'accord : *Beaucoup de gens pensent ainsi. Tant de vertu sera-t-elle oubliée ?*

6° *Le peu*, signifiant une faible quantité, un petit nombre, laisse son complément influer sur le verbe : *Le peu de leçons que j'ai prises ont suffi.*

Mais quand *le peu* signifie le manque, le trop peu, il commande l'accord : *Le peu de diligence qu'il a mis dans cette affaire est devenu la cause de sa perte.*

Régimes ou compléments des verbes.

§ 96. Le régime direct [§ 34] dépend d'un verbe actif sans aucune préposition : *Il leur apportait la paix.*

Toutefois, dans le sens partitif, l'emploi exceptionnel de la préposition *de* n'empêche pas le régime d'être direct : *Il a commis des fautes. Cet arbre porte de la graine.* Les expressions *des fautes, de la graine,* dépendent ici directement des verbes actifs *commettre, porter ;* c'est une construction exceptionnelle.

§ 97. Le régime indirect [§ 34] est toujours marqué par une préposition; mais quelquefois elle est sous-entendue : *Répondez-leur* (à eux). *Cela te nuirait* (à toi).

Pour certains compléments indirects, la préposition est souvent omise devant les noms qui expriment la durée, l'époque, le prix : *Cette plante fleurit deux fois l'an* (par deux fois dans l'année). *Cela coûte dix francs le mètre* (moyennant dix francs pour le mètre).

§ 98. Selon la construction ordinaire, on place le régime direct immédiatement après le verbe et ensuite les compléments indirects.

Néanmoins les pronoms personnels employés comme régimes directs, ou comme régimes indirects sans préposition, précèdent toujours le verbe dont ils dépendent, s'il n'est pas à l'impératif sans négation : *Le ciel les lui rendra. Ils se la montrent. Ne vous y fiez pas.*

L'impératif sans négation précède toujours les pronoms qu'il régit : *Montrez-la-moi. Mets-le-toi dans l'esprit. Fiez-vous-y.*

Remarques. 1° Lorsqu'un verbe a pour complément un autre verbe à l'infinitif, il ne le régit pas toujours de la même manière qu'il régirait un nom. Ainsi l'on dit avec le nom : *Apprendre une langue; craindre une chute; courir à sa perte.* Mais avec l'infinitif il faut dire : *Il apprend à lire; il craint de tomber; il court se perdre.*

2° Un régime peut dépendre de plusieurs verbes, pourvu qu'il convienne à tous également : *Il prit, quitta et reprit l'état militaire.* Les trois verbes sont actifs et demandent le même régime direct. Mais on ne dira pas : *Il cherche et goûte de tous les plaisirs*, parce que la préposition *de* n'est pas en rapport avec *il cherche*, qui veut un régime direct.

Emploi des auxiliaires.

§ 99. Les temps composés se conjuguent avec l'auxiliaire *avoir* dans les verbes qui énoncent un acte : *j'ai parlé; j'ai fini*, et avec *être* dans ceux qui marquent un état : *je suis né; il est éclos.*

Les verbes pronominaux, même avec le sens actif, prennent *être* partout dans les temps composés : *Je me suis promené* (comme si l'on disait : je suis ayant promené moi).

Les verbes neutres se conjuguent presque tous avec *avoir* : *J'ai couru; ils ont fui.* Ceux qui se conjuguent exclusivement avec *être* sont *aller, arriver, décéder, éclore, mourir, naître, venir*, et ses dérivés, *devenir, parvenir, revenir.*

Plusieurs autres verbes qui marquent tantôt l'action, tantôt l'état, reçoivent les deux auxiliaires; tels sont *cesser, demeurer, disparaître, échapper, embellir, expirer, grandir, passer, rester, sortir*, etc. Si l'on veut énoncer simplement l'acte, on dira : *Le bruit a cessé. Il a sorti, mais il vient de rentrer.* Si l'on veut au contraire marquer l'état, il faut dire : *Les fêtes sont cessées. Il est sorti, mais il va rentrer.*

Usage des modes et des temps.

§ 100. L'indicatif présent exprime non-seulement un fait actuel, mais aussi une chose habituelle et permanente : *Les grandes prospérités nous aveuglent* (ont coutume de nous aveugler).

Le parfait indéfini s'emploie dans tous les cas indistinctement pour rappeler un acte accompli : *Il a succombé ; il est parti tout à l'heure.*

Le parfait défini indique exclusivement les faits accomplis dans des circonstances déterminées et dans un temps entièrement écoulé : *Du jour où il se livra aux passions qui le perdirent, tous ses amis se retirèrent.*

A l'impératif, lorsque la seconde personne du singulier est immédiatement suivie du pronom *en* ou de la particule *y*, si le verbe n'est pas terminé par un *s*, on y ajoute cette lettre comme signe euphonique : *Acceptes-en l'hommage ; cueilles-y des fruits.*

Le subjonctif sert à marquer les faits douteux ou d'un résultat éventuel ; il ne figure jamais que dans les propositions subordonnées. On le met après certaines conjonctions et surtout après *que* dépendant d'un verbe ou d'une expression qui marque la crainte, le désir, le doute, la volonté : *Avant qu'il ait commencé ; je crains qu'il ne vienne ; il a regret que vous partiez ; il faut qu'on le voie.*

§ 101. Lorsque deux propositions dépendent l'une de l'autre, la règle demande une correspondance exacte entre les temps des verbes.

Si le verbe principal est au présent ou au futur, le verbe subordonné se mettra, selon le sens de la pensée, au présent ou au parfait du subjonctif :

> Je veux   } *qu'il* achève *son ouvrage.*
> Je voudrai } *qu'il* ait achevé *son ouvrage.*

Si le verbe principal est à l'imparfait, au parfait, au plus-que-parfait ou à l'un des conditionnels, le verbe subordonné se mettra à l'imparfait ou au plus-que-parfait du subjonctif :

Je voulais
Je voulus
J'ai voulu } *qu'il* achevât *son ouvrage.*
J'avais voulu
Je voudrais
J'aurais voulu } *qu'il* eût achevé *son ouvrage.*

Remarque. Après la conjonction *si*, exprimant une condition, on n'emploie jamais les temps du futur ni du conditionnel. Alors le futur simple est remplacé par le présent de l'indicatif, le futur antérieur par le parfait indéfini, le conditionnel présent par l'imparfait et le conditionnel passé par le plus-que-parfait : *Je vous récompenserai si je suis content* (à condition que je serai content). *Cette terre serait fertile si elle était bien cultivée* (en supposant qu'elle serait bien cultivée).

CHAPITRE VI.

DU PARTICIPE.

Du participe présent.

§ **102.** Le participe présent exprime une action qui se fait au moment même que l'on désigne. Dans ce sens, il garde sa qualité de verbe et reste toujours invariable[1] : *J'ai trouvé une femme disant sa prière. J'ai vu des hommes parlant et gesticulant.*

Sous la même forme que le participe présent, il existe d'ordinaire un *adjectif verbal,* qui sert à marquer l'état habituel ou la qualité, et qui par conséquent reçoit l'accord du genre et du nombre : *femme toujours pleurante; hommes bien buvants, bien mangeants; manières obligeantes.*

---

1. Autrefois il était soumis à l'accord, conformément à sa nature d'adjectif, et l'on trouve partout la trace de cet usage dans nos anciens auteurs.

Le sens peut seul aider à distinguer le participe d'avec l'adjectif verbal; mais l'emploi d'un régime direct indique nécessairement le participe présent d'un verbe actif.

§ 103. Le participe présent est souvent précédé de la préposition *en*. On emploie cette forme pour indiquer un rapport de temps, de cause, de manière : *L'homme s'instruit en vieillissant* (dans ou par l'acte de vieillir). *On ne surmonte le vice qu'en le fuyant* (au moyen de la fuite).

Le participe, employé seul, se rapporte comme un adjectif à quelque mot de la phrase dont il est rapproché : *Je l'ai rencontré sortant de la ville* (lui qui sortait). Avec la préposition *en*, le participe se rattache au sujet de la phrase : *Je l'ai rencontré en sortant* (quand je sortais).

Du participe passé.

§ 104. Le participe passé, dans tous les verbes, sert à marquer un temps passé et un fait accompli. Selon son emploi, il suit des règles différentes.

§ 105. Le participe passé conjugué avec *être*, dans les verbes neutres, est toujours variable, et s'accorde en genre et en nombre avec le sujet auquel il se rapporte : *Ses amis sont accourus. La nouvelle est arrivée.*

Le participe passé que nous nommons *passif* n'exprime ni le temps ni l'action du verbe, et marque seulement l'état; il se joint au verbe *être* comme un adjectif soumis à toutes les règles de l'accord : *Les digues sont rompues et la terre est inondée.*

§ 106. Le participe passé conjugué avec *avoir*, dans les verbes actifs comme dans les verbes neutres, reste invariable : *La mer a rompu ses digues et inondé la terre. La nouvelle en avait couru.*

Par exception, dans les verbes actifs, toutes les fois que ce participe se trouve précédé de son régime direct, il devient variable et s'accorde avec ce même régime en genre et en nombre : *On vous a touchés et attendris. Les dignités qu'il a demandées. Quels maux il a soufferts!*

Les verbes *courir, parler, peser, valoir* et autres, qui sont ordinairement neutres, deviennent soumis à la même exception lorsqu'ils prennent la signification active : *Les périls que nous avons courus. La langue que nos pères ont parlée.*

Observez que ce sont presque toujours des pronoms qui se mettent ainsi en régime direct devant le participe et qui lui commandent l'accord.

§ 107. Dans les verbes pronominaux, quand ils sont formés avec un régime direct, le participe passé, qui est toujours précédé de ce régime, en reçoit nécessairement l'accord : *Ils se sont épargnés mutuellement. S'est-elle plainte de sa misère?*

Mais si le pronom est un régime indirect, l'accord ne peut plus exister : *Ils se sont épargné bien des peines* (ils ont épargné à eux). *Les fêtes se sont succédé* (ont succédé à elles).

Observations sur l'accord du participe passé.

§ 108. Lorsqu'on met en régime direct le pronom *le, la, les,* devant un participe passé, si ce pronom représente un substantif, il en prend le genre et le nombre, et les communique au participe : *Ces événements, je les avais prédits. Voyez cette fleur; je l'avais crue morte.*

Mais si le pronom remplace un verbe, un adjectif, enfin une idée déjà énoncée, il faut employer *le* invariable et y rattacher le participe : *Les événements arrivèrent comme je l'avais prédit. Elle n'est pas aussi jeune que je l'avais cru* (j'avais prédit *cela,* j'avais cru *cela*).

§ 109. Après un régime direct, le participe passé, suivi d'un infinitif, reste invariable quand le régime dépend uniquement de cet infinitif : *La musique que j'ai entendu chanter* (j'ai entendu qu'on la chantait). *Ses deux fils s'étaient laissé entraîner* (avaient laissé entraîner eux).

Mais si le pronom, servant de sujet à l'infinitif, dépend en même temps du verbe qu'il précède, le participe devient variable : *La personne que j'ai entendue chanter* (j'ai entendu elle quand elle chantait). *Ces enfants se sont laissés tomber* (ont laissé eux tomber).

Il n'y a d'exception que pour le verbe *faire* formant avec l'infinitif une expression composée qui reste toujours invariable : *Il les a fait mourir; il les a fait tomber.*

§ 110. Quand l'infinitif vient après une préposition, il faut examiner de même si le régime direct qui précède dépend ou non du participe passé : *Quelles peines il a eues à calmer ces querelles* (le participe s'accorde parce que le sens est : il a eu des peines, à l'effet de calmer). *Voilà les ennemis que la reine a eu à combattre* (point d'accord, à cause du sens : elle a dû combattre ces ennemis; ici le pronom régime dépend de l'infinitif).

§ 111. Le participe passé également ne varie pas quand le régime direct, mis en avant, dépend d'une proposition complémentaire : *La lettre que j'avais annoncé que vous recevriez* (j'avais annoncé que vous recevriez laquelle).

§ 112. Les verbes neutres, comme les verbes impersonnels, ne peuvent avoir de régime direct; leur participe passé, après le relatif *que,* ne subit donc aucun changement; il est toujours invariable : *Les années qu'il a régné* (pendant lesquelles). *Les efforts qu'il a fallu pour réussir* (suppléez : *faire*). On dit de même sans accord : *les chaleurs qu'il a fait; la disette qu'il y a eu.*

CHAPITRE VII.

DE L'ADVERBE.

Emploi des adverbes.

§ 113. L'adverbe présente ordinairement par lui-même un sens complet et déterminé; cependant quelques-uns demandent le même complément que les adjectifs dont ils dérivent : *conformément à, indépendamment de, relativement à, etc.*

Les adverbes de quantité sont ordinairement suivis d'un complément avec *de : assez d'honneurs; plus de gloire; trop de soin.*

§ 114. L'adverbe se place devant l'adjectif ou l'adverbe qu'il modifie : *extrêmement riche, fort estimé, beaucoup mieux, très-mal.*

Avec les verbes, il se place généralement après les temps simples, et, pour les temps composés, entre l'auxiliaire et le participe : *Il étudie beaucoup ; il a beaucoup étudié. Il réussira complétement ; il aura complétement réussi.*

L'adverbe peut se placer entre deux propositions pour les unir : *Dites-moi combien il en reste. Cherchez comment cela s'est fait.* Les adverbes *combien, comment,* remplissent ainsi le rôle de conjonctions.

Remarques sur quelques adverbes.

§ 115. *Aussi, autant, si, tant.* Ces adverbes servent à marquer par comparaison un rapport d'égalité.

Lorsque la phrase est affirmative, on met *aussi* devant les adjectifs et les adverbes, et *autant* devant les substantifs avec *de : Il est aussi modeste qu'habile. Il a autant de courage que de sagesse.* Avec les verbes, c'est *autant* qu'on emploie, et il se place ordinairement après : *L'un vaut autant que l'autre.*

Dans les phrases négatives, on emploie *si* pour *aussi* devant les adjectifs et les adverbes, et *tant* pour *autant* devant les noms ou avec les verbes : *Il n'est pas si riche que vous. Rien ne m'a tant fâché que cette nouvelle.*

§ 116. *Beaucoup, bien.* Ces deux adverbes se mettent l'un et l'autre devant un nom avec *de,* pour marquer la quantité ; mais après *beaucoup* le nom s'emploie sans l'article, et après *bien* l'article est nécessaire : *beaucoup de gens ; beaucoup de peine ; bien des gens ; bien de la peine.*

Devant les adjectifs et les adverbes, *bien* est seul en usage : *Je suis bien malheureux.* Il équivaut au superlatif, comme si l'on disait *très-malheureux.*

Avec un verbe, *beaucoup* exprime la quantité, *bien* marque plutôt la qualité : *Il a beaucoup écrit ; il parle bien.*

On dit également *il s'en faut bien,* ou *il s'en faut*

beaucoup, lorsqu'on veut seulement indiquer la diffé-rence entre les objets. Mais pour exprimer un manque dans la quantité, on doit dire : *Il s'en faut de beaucoup.*

De même, *il s'en faut de peu ; il ne s'en faut de guère ; de combien s'en faut-il ?* sont des locutions qui s'appli-quent toujours à l'appréciation de la quantité.

§ 117. *Davantage, mieux, plus.* L'adverbe *davantage* a le même sens que *plus ;* mais il s'emploie toujours ab-solument en relation avec le verbe : *Cela me plaît da-vantage.* L'usage ne permet pas que cet adverbe soit suivi de *que,* ni qu'il signifie *le plus.*

Mieux est le comparatif de *bien ;* il exprime la qua-lité. *Plus* répond à *beaucoup ;* il marque la quantité : *Cet objet vaut mieux* (est de meilleure qualité). *Ceci vaut plus* (est d'un prix plus élevé).

Mieux ne se joint qu'aux verbes et aux participes. *Plus* se joint non-seulement aux verbes, mais encore aux adjectifs et aux adverbes, dont il forme exclusive-ment le comparatif.

Après *plus* et *mieux,* on fait usage de la conjonction *que* pour marquer le terme de la comparaison : *Il tra-vaille plus* (ou *mieux*) *que les autres.*

§ 118. *Moins, plus.* Ces deux adverbes se trouvent souvent opposés ou répétés par symétrie au commen-cement de deux propositions réunies : *Moins vous en direz, plus il en fera. Plus on est élevé en dignité, plus on doit être modeste.*

On pèche contre la régularité en mettant la conjonc-tion *et* devant la seconde partie de la phrase.

§ 119. Il ne faut pas confondre certains adverbes avec les prépositions analogues.

Alentour s'écrivait autrefois en mots séparés, *à l'en-tour,* et l'on disait alors : *à l'entour de ses flancs ;* dans ce cas, aujourd'hui il faut employer *autour de.* Mais on dit adverbialement : *tourner alentour.*

Auparavant. Il ne s'emploie que comme adverbe : *Je l'avais averti longtemps auparavant.* On doit dire: *avant de partir ; avant qu'il vienne,* et jamais on ne se sert d'*auparavant* dans ces locutions.

Dedans, dehors; dessus, dessous. Ces adverbes ne peuvent être suivis d'un complément que lorsqu'ils dépendent eux-mêmes d'une préposition : *en dehors de la ville; par-dessus les toits; de dessous les débris.* C'est par exception qu'on admet la locution suivante : *Il n'est ni dessus ni dessous la table.*

§ 120. Il faut distinguer avec soin le sens de certaines expressions adverbiales qui se ressemblent.

Plus tôt, en deux mots, exprime le comparatif de l'adverbe de temps ; on l'oppose à *plus tard : Il est arrivé plus tôt que vous.*

Plutôt, en un seul mot, marque la préférence entre deux choses, le choix entre deux idées : *Je mourrai plutôt que de faire une bassesse.*

Quand est un adverbe de temps qui sert à la liaison des phrases : *On ne se trompe pas quand on attribue tout à la prière.* C'est aussi un adverbe d'interrogation : *Quand viendra l'accomplissement de vos promesses?*

Quant, toujours suivi de la préposition *à,* est une formule adverbiale : *Quant à moi, je suis satisfait* (pour ce qui est de moi).

De suite se dit des choses qui viennent l'une après l'autre sans interruption et dans un ordre régulier : *Ces médailles ne sont pas de suite.*

Tout de suite signifie : sur-le-champ, sans délai : *Il faut que les enfants obéissent tout de suite.*

Tout à coup, soudainement, en un instant : *Ce mal l'a pris tout à coup.*

Tout d'un coup, tout en une fois, d'un seul coup : *Il fit sa fortune tout d'un coup.*

De la négation.

§ 121. Pour exprimer la négation, on se sert de deux particules, *non* et *ne.*

Non marque par lui seul la négation absolue. Il ne s'unit jamais à un verbe. *Le voulez-vous? Non.*

Ne se place toujours devant un verbe, avec élision s'il rencontre une voyelle. La négation qu'il exprime est ordinairement déterminée ou modifiée par quelque terme auxiliaire, comme *pas, point, plus, personne, nul, guère, jamais, rien.*

Ne est le plus ordinairement accompagné de *pas* ou de *point;* mais ce dernier mot nie plus fortement que l'autre : *Il n'a point d'esprit* (il en manque complétement). *Il n'a pas autant d'esprit que son frère* (il en a, mais moins que son frère).

§ 122. Dans certaines constructions de phrase l'usage exige que *ne* précède le verbe subordonné.

1° Après les comparatifs *plus, moins, meilleur, moindre,* placés dans une phrase affirmative : *La distance est moindre que vous ne dites. Il est plus fort que vous ne croyez.*

2° Après les verbes *craindre, appréhender, redouter, trembler,* employés sans négation et sans interrogation : *On craignait qu'il ne finît trop tôt.*

3° Après *empêcher, éviter, se garder,* même quand ils sont accompagnés d'une négation : *Cela n'empêche pas qu'il ne soit fort malade.*

4° Après *douter, nier, disconvenir, désespérer,* seulement quand ils sont employés avec une négation ou une interrogation : *Je ne doute pas qu'il ne vienne bientôt.*

CHAPITRE VIII.

DE LA PRÉPOSITION.

Emploi des prépositions.

§ 123. La préposition est toujours placée avant son complément[1].

Toutes les prépositions suivies de *que* font une locution conjonctive : *après que, avant que, dès que, pour que, sans que, etc.*

---

1. *Durant* est la seule préposition qu'on puisse mettre après le nom qu'elle régit : *durant sa vie,* ou *sa vie durant.*

Deux prépositions peuvent n'avoir qu'un seul et même complément, pourvu qu'elles soient de même espèce et qu'elles le régissent de la même manière : *Soutenir quelque chose envers et contre tous.*

Certaines prépositions peuvent être employées sans complément; on les regarde alors comme des adverbes : *Être auprès; regarder autour; s'élever contre.*

§ 124. Plusieurs mots de suite, étroitement liés par le sens, peuvent dépendre d'une seule et même préposition : *Il vécut dans les plaisirs, la mollesse et l'oisiveté.*

Néanmoins l'usage exige qu'on répète toujours *à, de, en,* devant chaque complément; et cette répétition est assez ordinaire pour les prépositions d'une syllabe : *C'est avoir de l'esprit, de l'âme et du goût. Il agit par ruse et par adresse.*

Lorsque les compléments expriment des idées différentes ou opposées, on répète les prépositions devant chaque mot : *Il se distingua dans la paix et dans la guerre.*

Au contraire, on ne doit mettre qu'une seule préposition devant plusieurs noms réunis par le sens pour désigner une seule chose, comme le titre d'un poëme ou d'une fable : *La fable du Meunier, son fils et l'âne.*

Remarques sur quelques prépositions.

§ 125. *A, de.* Ces deux prépositions sont de l'usage le plus fréquent, et reçoivent des acceptions fort diverses.

En général, *à* exprime la direction vers un but, la destination : *voyage à la campagne; courir au danger; terre à blé.*

Il marque le régime indirect, c'est-à-dire le but de l'acte exprimé par le verbe : *donner aux pauvres; nuire à quelqu'un; arracher à la mort.*

De exprime ordinairement le point de départ, ou la cause : *revenir des champs; trembler de peur; pluie d'orage.*

On met en rapport d'opposition *à* et *de,* pour marquer

l'intervalle, la distance : *de Paris à Rome; du soir au matin.*

On s'en sert également pour indiquer le nombre par approximation : *Ils étaient de vingt à vingt-cinq.* Dans ce cas, la préposition *à* fait entendre une quantité intermédiaire. On ne peut donc l'employer entre deux nombres immédiats que pour désigner des objets susceptibles de se diviser par fractions : *neuf à dix francs; cinq à six kilomètres.* Mais il faut dire nécessairement : *onze ou douze chevaux,* parce qu'il n'y a pas de division possible.

L'usage exige que *de* soit placé devant les adjectifs ou les participes que l'on joint aux expressions indéfinies, telles que *rien, cela, quoi, personne,* ou bien aux noms de nombre : *Ne savez-vous rien de nouveau* (qui soit nouveau)? *Il y eut mille soldats de tués* (qui furent tués).

§ 126. L'emploi des prépositions *à* ou *de,* après certaines locutions, leur donne un sens différent :

C'est à vous, suivi d'un infinitif avec *à,* exprime une obligation de droit : *C'est au juge à prononcer.* On dit dans une acception particulière : *C'est à vous à jouer* (votre tour est venu).

Avec *de,* on désigne un devoir de convenance : *C'est à l'enfant d'obéir.*

§ 127. *Prêt à, près de.* Ces expressions ne doivent pas être confondues :

Prêt, adjectif, s'applique à un objet préparé, disposé pour quelque chose : *homme toujours prêt à bien faire; canon prêt à tirer.*

Près de, locution prépositive, désigne un événement sur le point d'arriver : *animal près de succomber; jour près de finir.*

§ 128. *Dans, en, au.* Lorsqu'on veut désigner une situation précise, on dit : *être dans la campagne, être dans les affaires.* Mais avec *en,* l'expression change de signification : *L'armée est en campagne* (elle est en marche, en opérations). *Nous sommes en affaire* (en occupation sérieuse).

Devant les mots qui désignent le temps, on met *dans* pour limiter une époque : *Il arrivera dans trois jours*

(quand trois jours seront écoulés). On met *en* pour déterminer la durée : *Il arrivera en trois jours* (il emploiera
trois jours à faire son voyage).

On dit *au, aux,* au lieu de *en le, en les : Voyage aux
Indes, au Levant* (c'est-à-dire en les Indes, en le Levant). On dit de même : *Tomber au pouvoir, aux mains
de l'ennemi* (en le pouvoir, en les mains).

§ 129. *Entre, parmi, hors.* La préposition *entre* est
destinée à marquer le milieu qui sépare deux objets :
flotter entre l'espérance et la crainte.

Parmi exprime la réunion avec plusieurs objets. Il ne
peut se mettre qu'avec un nom pluriel ou avec un singulier collectif : *parmi le peuple; parmi les grandeurs.*

Hors, signifiant *excepté,* se met, comme préposition
simple, devant un nom : *Tout est perdu, hors l'honneur.*

L'expression *hors de* s'emploie pour marquer l'exclu-
sion, la sortie : *hors de la ville; hors de danger.*

§ 130. *Jusque, malgré, à travers, vis-à-vis.* Le mot
jusque est un adverbe qui se joint toujours à quelque
préposition ou à quelque adverbe de temps et de lieu :
*jusqu'à vous; jusque sur les remparts; jusqu'ici; jusqu'a-
lors.*

Malgré est une préposition : *malgré son père.* Il faut
se garder d'employer *malgré que* comme conjonction
dans le sens de *quoique.*

A travers s'emploie avec un complément immédiat;
mais *au travers* doit toujours être mis avec *de : Ils pas-
sèrent à travers les vaisseaux ennemis. On ne voyait le
soleil qu'au travers du brouillard.*

Vis-à-vis, en face, à l'opposite, se construit avec *de :
Je me plaçai vis-à-vis de lui.* Dans le style familier,
l'usage permet de dire : *vis-à-vis l'église, vis-à-vis notre
maison.*

§ 131. *Voici, voilà.* On range ordinairement *voici,
voilà* parmi les prépositions. Ce sont des locutions qui
tiennent lieu d'un verbe : *Me voici* (tu me vois ici). *Voilà
quelle est votre destinée* (on voit là).

En général, *voici* sert à désigner un objet rapproché :
Le voici arrivé. On désigne par *voilà* un objet un peu
éloigné : *Le voilà qui s'avance.*

CHAPITRE IX.

DE LA CONJONCTION.

Usage des conjonctions.

§ 132. Lorsque les propositions, réunies dans une phrase, restent distinctes et indépendantes l'une de l'autre, on les nomme *coordonnées*.

Pour unir les propositions coordonnées, on emploie les conjonctions *car, donc, et, mais, ni, or, ou;* et différents adverbes qui remplissent le même rôle, comme *aussi, toujours, bien, cependant, néanmoins*.

Toute autre conjonction ou locution conjonctive, ainsi que les pronoms relatifs, placés en tête d'une proposition, indiquent qu'elle est *subordonnée*. [§ 58.]

On doit répéter la conjonction devant chaque partie de phrase dont on établit la dépendance : *Dieu veut qu'on l'aime, qu'on le serve, qu'on suive ses commandements.* La conjonction *que*, répétée trois fois, indique trois propositions subordonnées qui dépendent de la proposition principale, *Dieu veut*.

Néanmoins *et* peut tenir lieu de *que* entre deux idées dont le sujet est le même : *Un père a droit d'exiger que son fils lui obéisse et le respecte* (et qu'il le respecte).

Après les conjonctions *lorsque, parce que, quoique, puisque, comme, quand, si*, l'usage veut qu'on répète seulement *que* pour indiquer la liaison des propositions dépendantes : *Comme il parlait bien et qu'il avait raison, on l'écouta* (et comme il avait raison). *S'il le veut et que vous y consentiez* (et si vous y consentez).

Remarques sur quelques conjonctions.

§ 133. *Et, ni.* La conjonction *et*, la plus usitée de toutes, s'emploie, surtout quand le sens est affirmatif, pour lier ensemble les mots analogues ou les membres de phrase : *Il est bon et sage, et il est modeste.*

Ni se met devant tous les mots qui se rattachent par le sens à une négation commune : *Cette sainte loi ne connaît plus ni pauvre ni riche, ni maître ni esclave.*

Ni sert encore à unir deux propositions soumises au même sens négatif : *Je ne crois pas qu'il vienne, ni même qu'il pense à venir* (ni je ne crois même pas).

La préposition *sans* équivaut à une négation ; on peut la remplacer par *ni*, quand elle doit être répétée. Ainsi l'on dit également : *sans force et sans vertu;* ou *sans force ni vertu.*

§ 134. *Que.* La conjonction *que* est d'un usage continuel pour unir les propositions entre elles. Elle s'emploie de diverses manières :

1º Entre deux verbes, pour montrer que le second est subordonné au premier : *J'espère qu'il réussira. Craignez qu'il ne s'en souvienne.*

Quelquefois le premier verbe est sous-entendu : *Qu'il s'éloigne, qu'il parte* (je veux, j'ordonne que...).

2º Pour tenir lieu d'une locution conjonctive plus complète : *Approchez, que je vous parle* (afin que). *Il était à peine sorti que la maison s'écroula* (lorsque). *Je ne partirai pas que tout ne soit prêt* (à moins que).

3º Après une expression comparative, exprimée ou sous-entendue : *Il est plus habile que vous ne pensez. Il agit autrement qu'il ne parle. Il ne cherche que la vérité* (aucune autre chose que).

4º Avec *c'est*, lorsqu'on veut donner plus de force à ce qu'on dit : *C'est devant eux qu'il l'a déclaré.*

§ 135. Certains mots qui forment des conjonctions peuvent, en changeant de sens, changer aussi d'emploi.

Comme, conjonction, établit la cause d'un fait : *Comme sa vertu est connue, on se fie à sa parole.* Ce mot devient adverbe quand il marque la comparaison : *Ses avis sont reçus comme des oracles.*

Quand, signifiant *quoique, alors même que*, est une conjonction : *Quand je le voudrais, je ne le pourrais pas.* Dans le sens interrogatif, c'est un adverbe de temps : *Quand viendrez-vous ?*

Ou, conjonction, marque l'alternative : *Il fallait*

vaincre ou mourir. Avec un accent grave, *où* est un adverbe de lieu : *Où se cache-t-il ?*

Quoique, conjonction, ne forme qu'un seul mot : *Quoiqu'il soit pauvre, il est honnête.* Mis en deux mots, *quoi que* (quelle que soit la chose que) se rattache au pronom relatif : *Quoi que vous disiez, je ferai mon devoir.*

Parce que, conjonction, forme deux mots : *Je le veux, parce que cela est juste.* En trois mots, *par ce que* (par la chose que) est une expression relative : *Par ce que vous avez vu, jugez du reste.*

CHAPITRE X.

DE LA PONCTUATION.

§ 136. La ponctuation se compose de quelques signes qu'on place entre les mots ou entre les phrases, pour en distinguer et en séparer le sens.

Ce sont : la *virgule* (,), le *point et virgule* (;), les *deux points* (:), le *point* (.), le *point d'interrogation* (?), le *point d'exclamation* (!), les *points suspensifs* (...).

Il faut y joindre encore la *parenthèse* ( ), les *guillemets* (« ») et le *tiret long* (—).

1° La *virgule* sert à séparer les mots d'une même espèce assemblés sans conjonction dans la phrase : *La charité est douce, patiente, infatigable.*

La virgule sert encore à distinguer les divisions particulières d'une phrase : *Assemblez-vous, ennemis d'Israël, dit le Dieu des armées, et vous serez vaincus.*

2° Le *point et virgule* marque la division entre deux propositions qu'on rapproche pour former un sens complet : *Souvent il est gai ; d'autres fois il est sombre.*

3° Les *deux points* indiquent une citation, ou bien une phrase qui doit expliquer ou résumer ce qui précède : *Dieu a dit : Que la terre soit. On approche : ce doit être lui.*

4º Le *point* termine toutes les phrases dont le sens est complétement achevé[1] : *La paix fut donnée à l'Église. Constantin la combla d'honneurs et de biens. La victoire le suivit partout.*

Remarque. Le premier mot de la phrase qui vient après un point commence toujours par une lettre majuscule. Il en est de même des noms propres.

5º Le *point d'interrogation* se place à la suite des phrases interrogatives : *Qui fit jamais de si grandes choses? qui les dit avec plus de retenue?*

6º Le *point d'exclamation* se met après les interjections, et après les phrases qui expriment un mouvement d'admiration, de joie ou de douleur : *O aimable simplicité! Hélas! Malheur à nous!*

7º On appelle *points suspensifs* plusieurs points placés de suite après un mot, pour indiquer que le sens est interrompu : *Une femme... C'était Athalie elle-même.*

8º La *parenthèse* s'emploie pour enfermer des mots qui forment, au milieu de la phrase, un sens distinct et isolé : *Saintes filles, ses chères amies (car elle voulait bien vous nommer ainsi), mettez fin à ce discours.*

9º Les *guillemets* sont deux petits signes distinctifs (« ») qu'on met au commencement et à la fin d'un passage qu'on cite textuellement : « *Ils mourront, dit le roi prophète, et en ce jour périront toutes leurs pensées.* »

10º Le *tiret long* est un trait horizontal (—) qui sert à remplacer les mots qu'on ne veut pas répéter, et qui désigne souvent un changement d'interlocuteurs : *N'y suis-je point? — Non! — M'y voici donc? — Point du tout.*

---

1. Le point, placé après une lettre majuscule, marque l'abréviation du mot. On écrit : N. S. J. C. pour Notre-Seigneur Jésus-Christ; S. M. I. pour Sa Majesté Impériale; S. E. pour son Excellence ; M. pour Monsieur.

CHAPITRE XI.

DE L'ANALYSE.

§ 137. On nomme *analyse* la décomposition d'une phrase, c'est-à-dire l'explication par laquelle on rend compte de tous les mots qui la composent.

L'analyse est *grammaticale*, si l'on examine les mots, pour en distinguer l'espèce, le genre, le nombre, la personne, le temps et le mode, et l'accord qu'ils ont entre eux.

L'analyse est *logique*, si l'on recherche quel est le sujet, le verbe, l'attribut, en rattachant au sujet et à l'attribut tous les compléments qui en dépendent. La réunion de tous les mots qui servent ainsi à compléter le sens du sujet ou de l'attribut forme ce qu'on appelle le *sujet logique*, l'*attribut logique*. L'analyse logique comprend aussi le rapport des propositions entre elles.

Modèle d'Exercice.

Lorsque David eut défait tous ses ennemis, il résolut d'élever au Seigneur un temple magnifique; mais la construction en était réservée aux mains pacifiques de Salomon.

Analyse grammaticale.

Lorsque, conjonction.
David, nom propre.
Eut défait, troisième personne, au singulier, du parfait indéfini du verbe actif *défaire* (je défais, je défis, défaisant, ayant défait), quatrième conjugaison.
Tous, adjectif déterminatif indéfini, en accord avec *ennemis*.
Ses, adjectif possessif, s'accordant avec *ennemis*.
Ennemis, nom commun, masculin, pluriel.
Il, pronom personnel, masculin, de la troisième personne.
Résolut, troisième personne, au singulier, du parfait défini de *résoudre* (je résous, je résolus, résolvant, ayant résolu), quatrième conjugaison.

De, préposition.
Élever, infinitif présent du verbe actif *élever* (j'élève, j'élevai, élevant, ayant élevé), première conjugaison.
Au, mis par contraction pour *à le*, préposition et article masculin, singulier.
Seigneur, nom commun, masculin, singulier, employé ici comme nom propre pour désigner Dieu.
Un, adjectif déterminatif, en accord avec *temple*.
Temple, nom commun, masculin, singulier.
Magnifique, adjectif qualificatif, s'accordant avec *temple*.
Mais, conjonction.
La construction, article et nom commun, féminin, singulier.
En, pronom personnel, masculin, singulier, pour *de lui*, du temple.
Était réservée, imparfait passif, composé du verbe *être* et du participe passif, féminin, de *réserver* (je réserve, je réservai, réservant, ayant réservé).
Aux, mis par contraction pour *à les*, préposition et article en accord avec *mains*.
Mains, nom commun, féminin, pluriel.
Pacifiques, adjectif qualificatif, s'accordant avec *mains*.
De, préposition.
Salomon, nom propre.

Analyse logique.

La phrase contient trois propositions [§ 26] :

1° Une proposition subordonnée rattachée par la conjonction *lorsque* à la proposition principale qui suit [§ 58].
David, sujet simple.
Eut défait, verbe et attribut (eut été défaisant) avec un régime direct [§ 34] : *tous ses ennemis*, complément logique de l'attribut.

2° Une proposition principale :
Il résolut (il fut résolvant), sujet, verbe et attribut.
D'élever au Seigneur un temple magnifique, complément logique de l'attribut.

3° Une proposition coordonnée, que la conjonction *mais* relie à la principale [§ 132].
La construction en (de lui), sujet logique.
Était réservée, verbe et attribut.
Aux mains, régime indirect [§ 34] du verbe, formant, avec tout ce qui suit, le complément logique de l'attribut.

FIN.

TABLE ANALYTIQUE

DES CHAPITRES.